应用语言学视域下的当代英语教学新探

刘延玫 著

吉林人民出版社

图书在版编目（CIP）数据

应用语言学视域下的当代英语教学新探 / 刘延玫著
. -- 长春：吉林人民出版社，2022.8
ISBN 978-7-206-19405-4

Ⅰ. ①应… Ⅱ. ①刘… Ⅲ. ①英语－教学研究－高等学校 Ⅳ. ① H319.3

中国版本图书馆 CIP 数据核字（2022）第 192238 号

责任编辑：田子佳
装帧设计：皓　月

应用语言学视域下的当代英语教学新探

YINGYONG YUYANXUE SHIYUXIA DE DANGDAI YINGYU JIAOXUE XINTAN

著　　者：刘延玫
出版发行：吉林人民出版社（长春市人民大街 7548 号　邮政编码：130022）
咨询电话：0431-85378007
印　　刷：廊坊市海涛印刷有限公司
开　　本：787mm × 1092mm　　1/16
印　　张：10.75　　字　　数：210 千字
标准书号：ISBN 978-7-206-19405-4
版　　次：2023 年 1 月第 1 版　　印　　次：2023 年 1 月第 1 次印刷
定　　价：58.00 元

前言

为了适应现代社会的人才培养标准，高校应积极开展英语教学改革工作，进一步提高英语教学效率。应用语言学是依托于理论与方法进行对语言的分析与探究，挖掘出语言中蕴含的优质资源，提高语言运用的科学性与合理性。应用语言学的研究重点不在于对理论知识的单一研究，而是更加注重语言的运用。应用语言学本身有着非常鲜明的特征，拥有良好的独立性、实验性以及综合性。基于应用语言学视域下的当代英语教学研究，能够很好地解决当下英语教学中存在的问题，激发学生学习的主观能动性。

鉴于此，笔者撰写了《应用语言学视域下的当代英语教学新探》一书，在内容编排上共设置六章：第一章作为本书论述的基础和前提，主要论述当代英语教学的理论体系解读、应用语言学的性质与发展历程、应用语言学与英语教学的关系；第二、三、四、五章分别论述应用语言学视域下的当代英语听力教学、应用语言学视域下的当代英语口语教学、应用语言学视域下的当代英语阅读教学、应用语言学视域下的当代英语写作教学；第六章突出实践性，围绕基于现代信息技术的当代英语创新教学、跨文化背景下的当代英语创新教学体系、创新理念下的当代英语创新教学与实践、新媒体下应用语言学在英语教学中的运用进行研究。

本书结构完整、论述清晰、理论联系实际，为建构高等教育英语教学体系奠定了理论基础，具有较强的系统性、前沿性与可读性，体现出当代英语教学在高等教育中的重要地位，且本书针对性强、适用性广，能够培养读者发现问题、解决问题的能力，对从事英语教学的一线工作者有学习和参考的价值。

在撰写本书的过程中，笔者得到了多位专家学者的悉心指导与鼎力支持，在此表示真挚的谢意。由于内容较多且篇幅有限，加之时间仓促以及笔者的视野局限性，尽管主观上尽了最大努力，但书中所涉及的内容难免有疏漏之处，希望各位读者提出宝贵意见。

目录

第一章　绪论

第一节　当代英语教学的理论体系解读

认识当代英语教学，可以从教学参与者——教师与学生两个层面作渐进性分析，从教师的层面上而言，在教学中，教师的角色是引导者，通过一定的教学手段对学生进行英语教育的活动；而从学生的层面上而言，它是学生所进行的英语学习活动。任何一种教学活动，也包括英语教学活动，都具有一定的互动性，存在教师与学生、学生与学生之间的互动，不过最主要的互动还是存在于教师与学生之间。

一、当代英语教学的目标

（一）当代英语教学的培养目标

1. 引导学生运用英语

英语教学的过程其实就是教师教和学生学的过程，学生学习英语的目的就是学会运用英语，英语教学的目的就是帮助学生学会运用英语。在这一过程中，教师扮演指导者、设计者、组织者等角色，而学生扮演行为者的角色。教师应该采用多样化的教学方法来促进学生英语的学习，从而达到帮助学生学会英语的目的。在实际教学中，教师应坚持以学生为中心，充分发挥自己的指导作用。教师应让学生进行自主学习，学生可以决定自己的学习内容与学习方式。在学习过程中，学生由被动变为主动，英语使用水平也会提高。由此可见，在这一教学过程中，英语教学的目标十分突出，即帮助学生学会英语。

2. 讲授给学生语言知识

从本质上而言，教师讲授语言知识的过程就是交流的过程，这一过程离不开教师和语言知识。从教学方式上而言，教师将英语知识传授给学生，使学生能够学会这些英语知识，这些也成为英语教学的目标。从教学内容上而言，教师教给学生许多其自认为是好的语言知识，特别是美的文学语言知识，并不会考虑这些语言知识是否在实际交际中有用，这是传统外语教学法的特点。

3. 培养学生英语技能

从人际交流层面而言，教学离不开教师和学生。教师在实际教学中把语言作为表达教师与学生关系的一种手段：教师通过训练学生，提高学生的英语技能，也能够达到英语教学的目标。从教学方式层面而言，教师采用训练的方式来提高学生的英语技能，这种教学方式仍没有脱离传统的以教师为中心的教学模式。在教学中，教师会组织大量的训练，学生只能按照教师的要求进行训练，无法发挥自己的主动性，不利于自身个性的发展。与此同时，教师训练学生的目的就是提高学生的语言技能。需要指出的是，这种语言技能与语言运用能力存在着一定的差异，其理论基础主要是结构主义理论。

（二）当代英语教学的文化目标

“英语作为全世界最通用的语言，在多元文化交融中发挥着重要作用”[①]。从本质上而言，英语教学既是语言教学，也是文化教学。英语教学的目的是讲授英语语言知识，提高学生的语言技能。更为重要的是，英语教学的最终目的是培养和提高学生的跨文化交际能力。随着多元文化格局的形成，英语在中国对外交流与合作中的地位越来越重要，英语教学的重要性不言而喻。为了适应多元文化的发展，当代英语教学必须注重文化教学。了解英语教学文化目标，对英语教学的发展具有十分重要的意义。英语教学除了注重语言知识和语言技能教学以外，还要注重学生文化能力的培养。因此，教师要为学生创设良好的文化交流环境，组织文化活动，鼓励学生积极参加活动，并在参与的过程中理解文化的深层内涵，提高自己的文化能力。

① 臧庆. 信息时代多元文化交融对高校英语教学的影响研究 [J]. 食品研究与开发，2021，42（24）：242.

1. 恰当运用英语表达

母语文化在当代英语教学中起着不可替代的作用，学生在学习英语的过程中，要注重母语文化的学习和传播。英语学习者在英语学习过程中，应该能够利用英语来表达和讲述自己的母语文化，并在学习英语的过程中逐渐提高自己的文化表达能力，这是英语教学的目标之一，同时也是英语人才培养的重要层次。随着文化多元化的发展，要想使中国文化在世界范围内广泛传播，就应该注重中国文化的传播。用英语对母语文化进行表达，是中国文化在国际上传播的重要途径。英语是国际通用语言，用英语来表达母语文化可以为文化的国际传播提供保障。在用英语来表达和传播中国文化的同时，中国学生的英语能力和水平也会不断提高，同时也能实现中国文化的广泛传播。

2. 深入理解英语文化

在英语教学中，要想理解英语并恰当地运用英语，就必须理解英语文化及深层内核，这是高校英语教学的重要目标，也是国家、社会和学校对英语人才培养的必然要求。在英语学习中，学生要想理解英语文化的深层内核，就必须不断提高自己的文化理解能力。因为只有具备了理解文化的能力，才能更深入地理解和掌握英语文化的深层内核。此外，在当今跨文化交际时代，教师在高校英语教学中必须注重文化教学，并将理解英语文化的深层内核作为英语人才培养的重要目标，同时还要采取多种方法来提高学生的文化理解能力，这样才能促进跨文化交际的顺利进行。

二、当代英语教学的原则

（一）兴趣性原则

兴趣在英语教学中发挥着至关重要的作用。因此，教师应意识到兴趣的重要性，调动学生的兴趣可以通过以下方法实现：

1. 深度挖掘教材内容

教材是教师开展教学活动的主要辅助性工具，教材中涉及丰富的、系统的知识，教师在备课过程中，需要将教材中可以引起学生兴趣的内容挖掘出来，这样学生在学习时就能感受到无限乐趣，也就更加愿意学习。例如，教师可以为学生创设英语教学情境，将师生在日常生活中的问候对话搬到课堂上，使英语教学变得日常化，这些简单的、熟悉的对话能让学生产生共鸣，所以当其用英语来表述时也会相对容易一些。正是在熟悉的场景中开展英语对话，学生才能放松心态，其英语应用能力才会有所提高。

2. 尊重学生的主体地位

认清教育的本质并了解教育是一种主动的过程，教师也应该放下自己所谓的固有姿态，认识到这样一个事实，那就是英语课堂的主体是学生，只有学生主动地、自觉地进行英语学习，英语教学才能取得不错的效果，而学生的英语学习能力才能有所提高。基于此，英语教师要在总结学生生理与心理特点的基础上，在剖析与遵循英语学习规律的前提下，采用多样的教学方法激发学生的兴趣，让学生主动学习，主动参与英语实践互动。

（二）系统性原则

当代英语教学本身就是一个复杂的系统，包含非常多的内容，因此，在教学过程中，教师要明白英语教学过程不可能一蹴而就，需要循序渐进，只有从整体上出发，在把握系统性原则的基础上，才能够保证英语教学的有序性。要遵循系统性原则，教师需要做到以下方面：

1. 计划安排教学内容

英语教学内容的安排并不是随意进行的，它需要教师按计划进行。教材的编排从一开始就确立了系统性，编排者在总结教学规律与学生学习规律的前提下编排教材，为教师与学生提供了一个鲜明的结构层次。换言之，教师根据目录结构编排内容，本身就遵循了一定的教学规律。在英语教学过程中，教师对于生词和新的语法，不需要一次性地讲解给学生听，而是要一步步来，由浅入深，这也是系统性的展现。而教学内容的安排需要以教学的系统为指导，内容安排才会更加科学、合理。

2. 系统指导学生学习

学习活动虽然琐碎，但是如果从宏观上而言，可以发现，任何学习活动到最后都具有一定的系统性。因此，教师要帮助学生进行连贯地学习，让学生可以从系统的角度构建自己的英语知识结构体系。因为学生的学习意识与学习习惯养成并不容易，这就需要教师一定要有恒心，不仅在课上要时刻对学生的学习做出合理的安排，而且在课下也能对学生的学习做出恰当的安排。

（三）灵活性原则

1. 教学模式灵活性

人类已经步入信息时代，信息技术的发展为英语教学模式创新提供了技术支持，翻转课堂教学、多媒体教学、移动课堂教学等新的教学模式不断涌现，让英语课堂变得更加丰富。应用语言学视域下的教学模式改善了学生的学习情况，不仅能够丰富学生的学习内容，最重要的是还为学生提供更加多样的学习形式。在互联网的支持下，学生的学习活动相对变得比较容易，教师利用互联网下载音频、文字、视频等资源，为学生营造一个多样的学习环境，通过对学生进行多感官刺激，让他们找到自己喜欢的教学方法，从而可以调动其英语学习的热情。在新的教学模式下，学生在学习活动中的角色也发生了明显的变化，学生不仅是自身学习任务的设计者，而且也是学习活动的合作者与评估者。

2. 评价方式灵活性

英语教学的评价方式不能单一化，而是要倡导多元评价，可用不同的评价方式进行整合，以实现评价的最优化。例如，教师可以将形成性评价与终结性评价结合起来。评价也应该有所侧重，不能单纯地将英语基础理论知识作为评价的重点，要将文化知识及应用等相关内容纳入评价对象体系中来。需要注意的是，评价应该是从多个层面展开的，教师不是评价的唯一主体，学生也要参与评价，可以是对自我的评价，也可以是同伴之间的评价。学生之间的互评不仅能让学生通过他人角度了解自己的学习情况，而且还能加强彼此之间的联系，维护关系的和谐。由此可见，多种多样的评价方式可以让学生置身自由、和谐的学习氛围中。

考核形式也不应固定、单一，可以将开卷考试与闭卷考试结合起来的方式，也可以采取将笔试与面试结合起来的方式。相对而言，面试可能要更加符合英语的特点，教师与学生可以面对面直接交流，但在实际评价过程中，这种方式很少为教师所使用。在具体运用何种评价方式进行评价时，教师要灵活选择，可以让学生进行个人阐述，也可以让其采取小组讨论的形式，甚至可以采取答辩的方式。但无论使用任何一种方式，教师都要从学生的实际情况出发，在了解学生学习情况与个人特点的基础上选择合适的评价方式，以保证评价的科学性、合理性。

三、当代英语教学的模式

（一）当代英语生态教学模式

1. 当代英语生态教学的功能与特征

（1）当代英语生态教学的系统功能。英语生态教学是英语改革时期涌现出的一种新的教学方法，它借鉴生态学原理剖析英语教学的全貌，目的是营造一个和谐的教学环境，提高学生的英语能力。系统的结构会在很大程度上影响系统的功能。在一个系统内部要素相同，但是如果要素组合后的结构不同，其产生的功能也就不同。“依据教育生态学的观点，教学活动是一个有机的微观生态系统。就其构成因素而言，生态化的大学英语教学不仅包括参与教与学的活动主体和活动中介，如学生、教师、学习资源，还应包括有效开展教学工作所需要的各种条件或情境，即人的主体因素、物质的环境因素和精神的介入因素等”[①]。当代英语生态教学主要具有以下方面的功能：

①确保人才培养的质量与水平。英语生态教学系统内部的各个要素可以任意组合，组合后形成的结构可以决定系统的功能，该系统最重要的一个功能就是营造一个比较优良的英语教学环境，使教师可以更高效地组织教学，学生能更轻松地进行英语学习，这就使高校能够培养出符合市场需求的高质量人才。通过构建完善的英语教学生态环境，英语教学系统的各个要素都能发挥自己最大的作用，各要素相互影响，共同为提高学生的综合应用能力奠定基础。

②规范教学系统使之正常运行。自然生态系统中存在着物竞天择适者生存的自然规律和高斯原理、耐受定律与最适度原则等自然法则，这些自然规律和法则对整个生态系统的运行起着制约和规范作用，正是有了一定的制约与规范，存在于自然界的生态系统才能始终保持着平衡发展的状态。对于教学生态系统而言，教学规律与教学制度是其两大规范手段，二者又有明显的区别，教学规律是在教学活动中客观存在的，是一种内在的规范，与教学制度相比，它并不具有具象化特征，总是潜移默化地影响教学活动；教学制度是一种直观的规范手段，它规范教学参与者的行为，规范教学活动的正常开展。在英语生态教学

① 洪常春 . 人工智能时代大学英语生态教学模式构建研究 [J]. 外语电化教学，2018（6）：31.

系统内部的规范的作用下，教学主体与各个生态因子承担自己的职责，在共同作用下维持着系统的稳定，促进当代英语教学的平稳发展。

③有效促进社会进步。促进社会进步这一功能的实现主要是通过英语生态教学系统所提供的人才和成果来实现的，英语生态教学系统的主要目标就是向社会输出高质量的英语人才，这些人才不仅要具备扎实的英语基础理论知识，而且还要了解不同文化的差异。随着全球化和国际化步伐的加快，世界上不少国家在进行商业谈判时所使用的语言就是英语，英语已经成为最具影响力的语言之一。我国对英语人才的需求一直都很大，这对高校提出了较高的要求，高校应该构建完善的英语生态教学系统，在与社会实践结合的前提下，为社会培养高质量的英语人才。

（2）当代英语生态教学的特征。

①多样性特征。生物多样性是指所有的形形色色生物体，它的内涵极其丰富，既包括物种的多样性、景观的多样性，也包括生态系统的多样性等。需要说明的是，要认识生物多样性问题，物种的多样性是最为重要的一个点。多样性是生物系统活力的展现，是生物系统得以持续发展的基础。在英语课堂上，所有的学生就像是存在于自然界里的不同的物种，他们有着自己独特的个性，同时生长的地理与文化环境也不同，他们在学习风格上也差异明显。尽管如此，他们依然可以共存于英语生态教学系统之中。不仅学生在个性、认知、思维、语言能力方面的差别和多样性，而且教师许多方面也展现出了多样性，教学方法层面上的多样性、教学内容层面上的多样性等。就是这些在英语教学中的各种多样性促进了英语生态教学的完善与发展。

②整体性特征。英语生态教学系统内部的各个要素彼此之间相互影响，并组成一个统一的整体，系统内部的各要素之间进行信息流、能量流的流通与转换，从而使系统得以平稳运转。

2. 当代英语生态教学的模式设计

当代英语生态教学模式设计需要一定的理论依据，教师可以在对行为主义、认知主义与建构主义分析、整理的基础上，同时对生态学原理加以借鉴，完成英语生态教学模式的设计。如果从教育生态视角来看待英语教学，英语教学系统绝对是一个充满活力的系统，构建全新的英语生态教学模式迫在眉睫。当代英语生态教学的模式设计主要包含以下方面：

（1）当代英语生态教学的目标。确立教学目标先明确是教学要以谁为中心，对于英语生态教学而言，其教学目标也应该围绕学生来确立，实现学生的可持续发展就成了英语生态教学的目标。教师不能单纯地将可持续发展看作是一种事物发展的状态，它同时也是事物流动的过程，从这个方面来说，它应该是极其和谐、稳定的。

从教育生态学层面出发，教师要全力维护教育的生态属性，对于学生要爱护他们，鼓励他们激发自己的创造力，当学生在英语学习时犯错时，教师要以更加包容的心态看待他们，耐心地指导他们。此外，教师要清楚的一点是，每个学生个体都存在明显的差异，他们在学习上都有自身存在的优势与不足，且经过长时间的学习经验积累，已经形成了相对稳定的学习习惯与风格，这就要求教师不能采取单一的评价标准评价他们，而是要从学生的实际情况出发，积极探索新的教学评价方式。教师要公平地对待每一位学生，无论学生的成绩如何，教师都要给予他们相同的学习机会，给予他们一样的关注。

存在于生态系统中的生物都需要与外界产生联系，而它们产生联系的方式是通过进行物质交换实现的，通过物质交换，它们可以始终与外界保持信息沟通和交流的流畅性。就学生的学习而言，它也不是静止不变的，也是处于一种动态的变化中的，到了一定阶段也是需要更新的。基于此，教师在教学过程中就不能以一种原有的固定目标要求学生，当学生的学习发生变化时，目标也应该跟着改变。英语教学活动不应该只关注学生考卷上的数字，而是要深入学生学习与生活的实际，关注他们的成长，教师要将教学与学生的生活联系起来，让教学日常化、生活化，这样就能激发学生学习英语的积极性，也能让其真正了解英语在实际应用中的魅力。同时，英语生态教学还强调学生要主动去探索外部环境，这就要求教师在积极引导学生学习的过程中，也要鼓励学生进行自主学习，靠自己的能力完成自己的知识体系建构。

英语教师应从教学实践中总结经验，积极探索一些能够维持英语课堂生态平衡、能够满足学生学习需求的教学模式。需要说明的是，生态教学模式要以学生为导向，基于此，教师应为学生构建良好的英语生态环境，使其可以更加轻松、愉悦地进行英语学习活动。

（2）当代英语生态教学的内容。在确定英语生态教学的内容之前先应该明确生态教学的目标。在英语生态教学中，教师不仅要注意向学生传递英语基础理论知识，同时还要引导学生参与英语实践活动，让他们在实践中锻炼自己的英语听力与口语能力，并最大限度地激发学生的英语学习积极性。培养学生综合应用能力的目标确立之后，依据目标就可以确立英语生态教学的内容，确立内容也是英语生态教学模式构建的重要环节之一。

教学内容设计也要遵循一定的原则，要能够实现学生的可持续发展，能最大限度地挖掘学生的潜力。英语生态教学的内容与一般性的英语教学的内容有着许多相似之处，都包括英语语言知识与文化知识。英语是一种语言，生态英语教学内容当然要包括词汇、语音、语法等语言基础知识，又因为语言与文化联系密切，因此，生态英语教学内容当然也会包括英语国家的风俗文化等知识，在英语生态课堂上，学生不仅能学到基础的英语理论知识，而且还能了解其他文化，这对于其英语学习而言是有利的。

（3）当代英语生态教学的课堂环境分析。英语教学的主要阵地依然是课堂，课堂环境的好坏在一定程度上与英语教学的质量息息相关。因此，从这个层面上而言，要想提高英语教学的质量，教师就必须要为学生构建一个良好的英语生态课堂环境。

①优化教室环境。学生在英语课堂上学习英语需要高度集中注意力，教室中产生的任何噪音或者教室中的一些不当的装饰品都会分散学生的注意力，这就可能引发学生的心理焦虑，从而影响其英语学习。环境对学生英语学习的影响较大，这就要求高校要尽量为学生提供一个相对比较安静、舒服的教室环境。学生在课堂上接受教师的指导，从教师那里吸取英语知识，此外，学生还可以从环境中收获很多。例如，教室里张贴的名人名言会让学生受到鼓舞，进而奋发向上，对课堂进行必要的美化是能够对学生的英语学习产生一定影响的。此外，教室的不同颜色对教学活动所产生的影响是不同的，一般而言，浅色能让人感觉到非常舒服，当学生完成了繁重的学习任务之后，其需要消除疲劳，浅色的教室环境能让其安静下来，进入休息状态，而暗色则能引起学生的兴奋，使其无法好好休息。因此，高校在布置教室时需要考虑学生的需求，尽量选择浅色。

②对教师与学生的位置进行合理安排，合理的位置将会有利于师生之间的

沟通与交流。无论是教师，还是学生，他们都需要清楚是教学是双向互动的过程，教师一方的单独讲授，学生一方的单独学习，都无法实现教学的有效性，只有师生之间加强互动，多交流，才能保证英语教学的质量与效率。教师要根据教学需求选择可以移动桌椅的教室，如教师需要学生就某一问题展开讨论时，那么圆形或者椭圆形的位置形状就更能满足学生讨论的需求，学生与学生可以顺畅交流，同时，教师也可以从外侧或里侧与每一位同学进行交流。

需要注意的是，师生之间的交流非常重要，但班级规模的庞大又在一定程度上限制了这种交流。部分高校英语课堂规模庞大，教师不可能兼顾到每位学生，也不可能在课上与所有学生交流其英语学习情况，这也使得教师无法准确掌握每位学生的学习动态。与大班相比，小班人数不多，教师有更多的精力了解学生，能与其进行频繁的交流，从而可增强学生的情感体验，而且更重要的是，由于教师可以与学生实现情感交流，学生学习英语的积极性也就提高了。英语生态课堂的人数最好可以维持在 30 人左右，这个人数可以创造出有序的、高效的课堂环境。

（4）英语生态教学的评价。英语教学的实施以及后续教师教学计划的制定都需要以一定的评价结果为标准，因此，一个科学的评价体系将能够促进英语生态教学的优化。英语生态教学评价体系摆脱了传统教学评价的单一性，将形成性评价与总结性评价结合起来，多样的评价形式使该体系非常符合英语生态教学的要求。评价体系不仅要评价学生的认知能力，而且还要评价学生的情感与实践能力，也就是要从更全面的角度对学生进行评价。

在英语生态教学评价体系中，首先，应该着重关注学生的英语综合能力，具体评价时要看两部分的内容：一部分是学生的考试成绩，考试结果能反映出学生对英语基础知识的掌握情况；另一部分是学生的考试成绩，这是对学生使用英语情况的考查，根据这一考试结果，教师能够了解到学生的英语应用能力与水平。其次，应该构建一个具有弹性的教学系统。高校要允许不同性格、不同学习风格的学生制定不同的学习计划，让他们根据自己的能力找到适合自己的学习方法，允许差异性存在。最后，需要对学生进行全方位的测试。教师需要对学生进行日常课堂测验、单元测验与期末测验等，并将这些成绩保留下来，对学生的英语学习轨迹进行梳理，学生的英语学习情况会很清楚，教师也能更好地把握后续的教学计划与设计。

3. 当代英语生态教学模式的构建

（1）认识到位，做到思想先行。做任何一件事情，完成任何一项任务，先必须要认识到位，做到思想先行。需要明确的是，对传统英语教学进行改革，构建一个充满生机活力、高能高效的相对理想的英语生态教学系统，是整个高等教育改革特别是教学改革的重要组成部分。是贯彻落实新一轮英语教学改革、培养大批英语综合应用能力强特别是听说能力强的高级专门人才的重要保证，也是高校本身加快教学改革和教学条件建设步伐，进一步改善教学环境的迫切需要。要构建的这个生态系统，就是要为英语教学提供更好的环境、更好的生态，高校重视英语生态教学系统的构建工作，需要注意以下四个方面：

①投入精力。学校领导要把构建相对理想的英语生态教学系统提到学校议事日程上来，加强领导和统筹协调，投入时间、投入精力对这个问题进行调查研究。听取有关部门、院系的意见，集中开会讨论研究，制定规划，拿出方案，采取具体措施，解决实际问题，加快建设步伐。高校教学部门及相关部门，也应按照学校的统一要求，根据各自的职能和实际情况，花时间和精力，积极主动做好相应的工作。

②投入人力。建设英语生态教学系统，关键在人。学校要有专门的领导主管这项工作，并确定主抓的处室和单位，最好能有专门的班子处理有关问题。与此同时，要善于调动广大教职工和学生主动参与的积极性，使他们的聪明才智得以真正发挥。

③投入物力。建设生态系统必须要有足够的、高质量的物质条件作保障，特别是大量的先进设施装备。还需要有数量足够多的教室、实验室、实习实训基地，这些设施条件要好，智能化程度要高。

④投入财力。生态系统的建设需要财力的支撑，队伍建设、环境条件建设、教材建设都涉及资金，学校领导、财务部门要舍得在这方面花钱，加大资金投入，保证建设的高水平、高质量。

（2）以建设目标为中心，制订建设计划。高校相对理想的英语生态教学系统的建设目标主要包括：既有正确的运行方向和运行规则，又有灵活、高效的运行机制；既有严密的结构层次，又有自由、开放的发展空间；既能稳定、有序地按规则运行，又可自调自控，弃旧创新，保证可持续发展。英语生态教学系统的建设以及相应的建设计划，必须围绕这个目标来进行。

在确定建设目标的前提下，还需要制订建设计划。第一，明确各项建设任务，即要开展哪些工作，设定哪些项目，并对项目进行科学的可行性论证，以保证项目的实用和必要，这些建设任务和项目，实际上就是构成系统的要素或因子，高校务必要高度重视，精心选择；第二，明确这些工作和项目由谁来承担，如何组织实施，也就是要明确责任人的任务和具体职责；第三，明确建设步骤，是全面部署、分步实施，还是全面部署、全面展开；第四，明确条件保障，即开展这些工作所需要的人、财、物能否及时到位；第五，无论采用何种步骤和办法，均应明确工作进度和时间表，即这些建设任务在确保质量和安全的前提下何时完成，何时投入实际使用；第六，实行强有力的工作督查和质量监管，以保证各项工作任务的有效完成和各个建设项目的质量合格。

（3）采取有效措施，具体实施建设工作。在建设计划明确之后，紧接着的任务就是采取各种切实有效的措施，具体实施各项建设工作，主要表现在以下五个方面：

①牵头的工作部门（单位）和工作专班要切实负起责任，协同相关部门和单位，有效发挥牵头作用，解决建设中的实际困难和问题。专班要专、要实，全力以赴协助牵头部门做好日常工作，要注意把握工作的进度和建设质量，深入建设第一线，深入现场实地，及时了解工作的进展状况，发现问题，迅速反映，迅速解决，同时注意总结经验。

②高校领导，特别是分管的校领导要意识到自己肩负的使命和责任，靠前指挥，加强组织协调，并要到基层了解情况，听取意见，进行调研，统筹做好全局工作。

③外国语学院既是教学机构，又是参与建设的主要力量之一，还是做好建设工作的重要参谋，因而在整个建设过程中，其必须发挥骨干作用。建设目标和教学计划如何制定，教材如何选用和补充，教学内容、教学方法如何改革，现代先进的教学设备设施如何选配，教学空间和实验实训场地如何建设完善，班级的教学民主氛围如何形成等，这些任务都主要应该由外国语学院主动承担。

④充分发挥教师和学生的作用。教师是教学中的主导，他们最有发言权。

学校领导应当十分注意听取他们的意见、建议，并且理所当然地要他们参与进来。

⑤积极争取上级教育行政部门和其他有关部门的支持，既包括财力、物力的支持，也包括工作指导和政策的支持。同时要善于利用好高校面对的国家经济、文化、科技、社会、教育等各方面的良好环境，振奋师生信心；还要善于利用高校所处城市的各种与英语教育教学有关的机构、设施、场所及有关外事活动，丰富和完善英语生态教学系统。

（二）当代英语互动式教学模式

利用互联网，教师与学生可以完成实时互动，在这种新型教学模式下，有效互动是提高教学绩效的决定性因素之一。互动这一概念源自社会心理学，是人与人之间进行情感交流的过程，它可以是两个人之间的交流，也可以是多人之间的交流，交流的信息可以对交流的所有方产生影响。还需要注意的是，互动要求双方一定要就大家都感兴趣的主题进行，否则互动的效果可能不会太好。

英语教学经过了较长的发展时间，已经形成了相对完善的理论体系，当前，比较受到推崇的一个教学理论就是交际英语教学理论，该理论的核心强调的是交际能力的培养必须要具备“互动”这一性质。如果对交际进行深层次内涵挖掘，就会发现其关键就是在于互动，且互动还能将交际双方所交际的内容全都展现出来。在当代英语教学中也存在互动，英语互动式教学是一种不仅重视教师与学生之间的互动，而且重视学生与学生之间的互动、学生与教学中介的互动的新的教学方法，该方法能够在很大程度上推动英语教学的进程，增强英语教学的效果。在运用这一教学方法时，要创设一个良好的教学环境，引导学生自觉对问题进行探究。

英语互动式教学将教学活动与学习活动结合起来，实现了二者的统一，教师与学生既互为主体，也互为客体。基于此，教师与学生之间所进行的互动与交流都是一种良性的互动，在教师利用必要的教学方法的组织与引导下，学生不仅掌握了英语理论知识，而且还能掌握不少文化知识，发展自己的智力，陶冶自己的情操。教学是教师与学生的双向互动过程，要想取得不错的教学效果，二者缺一不可，既要调动教师教学的积极性，也要调动学生学习的积极性。

将互动式教学融入英语教学中，主要可以发挥出三方面的作用：第一，能提高英语教学的质量，能培养学生的综合应用能力；第二，互动式教学在英语教学中的应用是一个较大的成果，能够丰富英语教学研究的内容体系；第三，它是对英语教学方法体系的有效补充，更重要的是，英语教师在实际教学中可以运用这一方法，帮助教师增进与学生之间的情感距离。

1. 当代英语互动式教学的特性

（1）明确的目的性。英语互动式教学的实施是以社会语言学为理论基础的，换言之，语言虽然是用来进行学习活动的工具，但是这并不意味着语言就是所有学习的重点。人们进行外语学习，目的就是为了满足两种主要的社会活动需要：第一，需要借助其他语言完成某项社会任务的需要；第二，利用本族语言无法获得自己想要的信息的需要。从这方面而言，不能将英语教学的目的单纯地看作是为了应付考试，因此，在英语教学中，教师必须要清楚地认识到词汇、语法、阅读等基础教学固然重要，但学生英语综合应用能力的培养更加重要，只有学生具备较高的英语应用能力，其才能更好地完成社会任务。

（2）过程的互动性。过程的互动性是指在英语教学过程中，存在于教师与学生之间的互动层面是多方面的，既包括身体与心理的互动，也包括情感等其他更深层的互动。英语互动式课堂往往充满着大量的信息，这导致学生需要花费比以往更多的时间来操练英语，这种情形之下，教师讲话的时间自然也就减少了。在具体的教学过程中，教师可以为学生创设语言交际情境，语言交际情境要比教师直接讲授的效果更好一些，教师可利用多媒体设备、直观教具等为学生创设情境，再加上生动的语言、动作，就能最大程度上吸引学生的注意力，让他们全身心地投入到英语学习中。当学生在情境中遇到问题时，教师就可以跟学生进行交流互动，了解学生的问题所在，提出相关建议，在教师的建议反馈中，学生能认识到自己的不足，找到解决问题的方法。

（3）组织形式的多样性。

①真实情境——真实的语言交际环境。教师可以鼓励学生到一些外国游客喜欢去的旅游景点担任义务导游，他们不仅能借此机会与外国游客用英语进行交流，而且还能宣传中国文化。此外，教师还可以邀请一些外国教师给学生上课，或者是举办一些以英语为主题的晚会，既让学生放松身心，也会让其锻炼英语口语能力。在真情实感的情境中，教师与学生也能更好地进行互动，学生与学生之间也能增进了解，更重要的是可以增强学生学习英语的自信心。

②模拟的语言交际情境。除了向学生提供一些自然情境之外，教师还可以通过一些手段为学生创设模拟情境。如今是信息社会，以信息技术为支撑的多媒体设备已经开始走进课堂，教师可以利用多媒体设备为学生创设直观模拟情境，给予学生强烈的感官刺激，让学生通过真实的英语对话音频、视频提升自己的英语能力。此外，教师还可以让学生进行角色扮演活动，这是一种十分有趣的教学形式，在角色扮演的过程中，学生会思考角色的性格特征，因而在用英语表达时他们往往会考虑词汇、语法的应用问题，这样学生的英语应用能力就能得以提高。

（4）方法的灵活性。英语互动式教学有许多的方法选择，这是因为其不仅以交际教学为理论基础，而且还融合了其他一些比较优秀的教学法流派的经验。对学生的语言输入要适当，要控制在合理的范围之内，因此，教师的教学设计不能全凭主观意识，要考虑学生的实际需求与教学的情况。

（5）内容的广泛性。英语互动式教学中，教师不再是课堂的唯一“主角”，在师生的频繁互动中，教师与学生都成为课堂的“主角”，他们在课堂上交流信息，共同进步。教师在进行英语教学内容设计时，不能将内容局限于教材范围之内，因为对于有些学生而言教材上的知识过于浅显，他们需要更有难度的知识，教师应不断拓展教学内容的范围。但是需要明确的是，教师向学生输入的大量新知识必须要有一定的度，必须要在学生可承受、可理解的范围内进行，一旦内容过于难，就有可能打击学生学习英语的自信心。

总而言之，在具体的英语教学中，采用怎样的方法，侧重什么内容，教师应根据课堂实际情况进行选择。

2. 当代英语互动式教学模式的程序

（1）学生自主学习。教师要意识到学生自主学习能力对其英语学习的重要性，进而在教学过程中注意培养学生的自主学习能力。而在互动式教学中，培养学生的自主学习能力恰恰是其必要的环节之一，互动式教学认为教师应该给学生留下足够的学习时间，多给予学生学习的自由，让学生自主去思考、探究问题。学生自主进行探究，是对新知识与旧知识的整合，是对英语学科知识与其他学科知识的整合，通过不同知识间的认知冲突与矛盾，学生可以获得从不同角度看待问题的能力，从而使其能够真正独立自主地完成学习活动。但是，需要注意的一点是，在学生进行自主学习的过程中，教师应该鼓励学生表达自己的观点，即使学生的观点有误，教师也不应该立即阻止他们，而是要他们继续下去，待观点表达之后，教师才可以去纠正学生的错误，这样做的目的是保持学生思路的连贯性，维护学生的自信心与自尊心。

（2）学生合作学习。学生自主学习过程中蕴含着教师与学生的互动，而在合作学习中则蕴含着学生与学生之间的互动。教师可以对学生进行分组，使其以小组的形式实现合作学习。合作学习的实现基础是学生的自主学习，每一个学生的自主学习共同构成了合作学习，因此，合作学习是一种主要存在于学生之间的互动活动。具体而言，教师需要先分析学生的学习情况，制定讨论的主题，明确讨论的要求，让学生以小组为单位进行讨论。学生与学生所进行的讨论必然是各自发表观点的过程，在这一过程中，有问题的学生提出问题，能解答的学生给予解答，在一问一答的互动交流中，问题也就自然而然解决。不过，需要明确的是，学生与学生的互动并不是合作学习过程中存在的唯一互动形式，教师与学生的互动也存在其中。学生在组内讨论过程中肯定会遇到一些问题，当学生无法解决时，教师就可以主动参与其中，向学生提供思路与建议，这是对学生的一种启发与引导，通过教师的引导，学生可以更好地完成小组任务。

在小组讨论完毕之后，各组就需要向全班展示自己的成果。小组讨论的成果有突出的，也就会有一般的，教师要一视同仁，对于能力不强的小组，教师要给予其鼓励；而对于能力强的小组，教师要肯定他们的成果。此外，教师还可以让强组与弱组配合，让两组一起就讨论的成果进行分享、交流，能力强的小组在展示自己成果的过程中能够体会到成功的喜悦，因而更加愿意参与小组探究活动，而能力弱的小组则可以从能力强的小组中学得探究的方法，这非常有助于其不断保持学习的热情。

总而言之，小组合作学习让学生与学生之间的频繁互动成为可能，每一位学生都可以在课堂上发表自己的看法，学生彼此之间都可以交换想法，分享信息。就是在这一过程中，学生们的语言知识体系将会变得更加丰富，人际交往能力将会有所提高，更重要的是，他们也会增强学习英语的自信心。

（3）营造教学语境。在传统英语课堂，教师主要的任务就是将教材上的知识全都传授给学生，教师虽然尽可能地将课堂时间实现了利用最大化，但是学生在课堂上的参与感并不强，其始终无法真正提起对英语学习的兴趣。教师应根据教学目标与教学内容的要求为学生创设一个良好的求知情境。通过情境反映问题将会使问题变得更加生动，在情境中学生可以进行角色扮演，角色扮演的过程就是学生与学生进行互动交流的过程，学生在互动中不断培养自己的英语思维。此外，情境并不是仅仅存在学生与学生之间互动，教师与学生之间的互动也是存在的，教师主要的作用就是引导学生的学习思路，使学生产生一定要达成目标的心理倾向，从而激发其自觉主动学习的欲望。

（4）教学点评归纳。传统英语教学评价的主体是教师，学生在教学评价中的存在感较弱。而在互动式教学中，教师不再是教学评价的唯一主体，学生也可以参与其中，并且作用非常突出。在各组完成成果展示之后，就需要对各组成果进行点评，点评的手段并不局限于教师评价，学生自评与师生互评也是主要的评价形式。多样的评价手段能够帮助教师全面掌握学生的学习情况，进而分析学生在哪些知识点上存在问题，基于此，教师就能对自己的教学计划、内容、方法等做出适当调整。由此可见，评价的过程也是教师不断反思自己、实现教学优化的过程，这一环节也包括师生互动与生生互动两种互动形式，无论是哪种互动，目的都是让学生可以进行独立思考，在探究问题的过程中培养学习英语的兴趣。在经过教师与同伴的评价之后，学生能迅速意识到自己在学习上的不足，进而主动查缺补漏，同时也能清楚自己的优势，并不断强化这种优势。

（5）教学延伸拓展。英语互动式教学进一步拓展了学生的学习范围，学生可以在课下借助其他先进的学习工具完成知识的拓展与更新。教师要明白对学生进行知识的拓展并不是其主要的任务，应先将教材上的知识全都传授给学生，如果课堂上还有剩余的时间，教师就可以向学生传授一些拓展知识，同时布置一些拓展任务。例如，当讲到课本上的某一个知识点时，教师可以提出一些与之相关的延伸性问题让学生讨论，在讨论的过程中学生就能了解到更加新颖的知识，同时也能对旧知识进行及时巩固，最重要的是，这种讨论能够发散学生的思维，培养其创造力。

3. 当代英语互动式教学在阅读中的运用

（1）当代英语阅读互动式教学的原则。

①积极促进学生参与教学过程。大学生的学习行为多受兴趣的引导，但是

大学生的兴趣又具有一定的不稳定性，这就使许多学生在失去兴趣之后没有强烈的学习欲望，那么，他们也就无法真正产生积极的学习行为。因此，英语教师要对英语阅读教学活动有清晰的认知与定位，不能仅仅将这项活动看作是一种单纯的教学活动，而是将其看作一种具有特殊意义的交往活动，该活动将人的肢体动作与情感联系起来，既要求学生动口、动手，也要求其动情、动思，这就要求教师在英语阅读教学中要有所作为，要采取一些比较有效的方法激发学生的学习兴趣，最好能通过创设情境的方法让学生的身体与情感都融入其中，这样既让学生体会到阅读的乐趣，也能进一步加强师生互动。

②引导学生构建自己的知识体系。互动式教学并不是要求学生要将所有固有的知识全面掌握，而是要让学生在学习知识的过程中能够做到新旧知识的融合，认识知识产生、发展的过程，在这一过程中，学生的学习活动将变得有意义，与此同时，学生也可以培养自己分析、解决问题的能力，获得不错的学习情感体验。需要明确的一点是，大学生虽已成年，但这并不意味着他们已经具备了非常丰富的知识学习经验，因此，教师需要为学生架起一座可以连接新知识与旧知识的桥梁。具体而言，教师在讲解新知识的过程中一旦遇到可与旧知识相关的内容，就可以向学生提问，引发他们对旧知识的思考，同时也起到巩固旧知识的作用。

③及时反馈，督促学生进步。集体教学必须要靠每一个学生所进行的反馈的帮助，反馈不仅能在一定程度上提高教学的质量，而且还能较大地提高教学的效率。此外，持续性的反馈过程同时也是师生一次次互动的过程，在这一过程中，教师了解了学生的学习需求，学生也了解了教师的教学计划。

（2）当代英语阅读互动式教学的实施。

①教师与英文文本互动。阅读始终是一个动态的过程，它是读者与英文文本之间相互作用的过程，这其实也在表明阅读并不是一项被动的活动，它是读者的主动活动，因此，学生在进行英语阅读时，也应该积极地多与教师、英语文本互动。同时，教师也应该转变教学观念，对文本进行深入解析，以满足学生的阅读需求。

对于英语阅读教师而言，在进行英语阅读教学之前，应该对英文文本有着自己的理解。换言之，教师的一切教学活动可以以英文文本为依据，但是要从实际情况出发，要有选择地将文本内容教授给学生，与英文文本进行高效的互动，一切以英文文本为出发点的想法与行为都是片面的。在整个英语阅读教学中，教师的角色非常重要，他可以是阅读活动的先行者，同时也可以是教学活动的整个设计与策划者。从这个层面出发，教师与英文文本的互动有其不一样的内涵。教师要尽量将英文文本理解清楚，同时在这一过程中还要开发文本。教师只有将英文文本的所有内容都进行深刻理解，才能将其转化成自己的知识体系，才能在以后顺畅地与英文文本、学生互动。

教师还需要能够对英文文本进行适当的加工。需要注意的是，英文文本的编写是一个主观过程，不可能尽善尽美，总是会存在一些不足。教师应根据学生的实际需求选择英文文本，英语阅读教学已经在选择英文文本方面有了很大的改善，但是，出于人力、成本等方面的考虑，英语教材不能做到每年更新，因此，英语教师就必须在英语阅读教学过程中弥补这一方面的不足，能够在备课时就对文本进行必要的更新。

教师不能只以英文文本为核心，而是要具有敢于质疑文本编写者的勇气与能力，这样才能促使文本的不断完善。英文文本应该是与时俱进的，应该是能够满足学生学习需求的，教师是最了解学生的，他们可以总结学生的意见对英文文本进行提出相关建议，这样就能使文本变得更加科学。英义教材现在也在面临改革，改革者必须要学会聆听英语教师的意见，积极鼓励英语教师可以参与到教材的编写工作中来。在英语教师与英语文本的互动中，英语教材的编写工作变得更加科学、顺畅，同时教师的英语阅读教学也变得更加轻松。

②学生与英文文本互动。二者之间的互动能够最大限度地将自主学习的理念展现出来。学生是一切学习活动的主人，英语阅读活动也不例外，他们只有自己主动地参与阅读活动，才能真正学会阅读，这就要求教师在教学过程中要积极引导学生参与阅读实践，加强学生与文本之间的互动，让学生在阅读过程中体会文本作者的思想。在传统英语阅读教学过程中，学生的主要任务就是单纯的阅读，在阅读过程中，他们并没有能够对文本做出自己独有的分析，其自主学习能力也没有获得培养。而学生阅读能力的培养是需要在其与英文文本的互动中实现的，由此可见，学生与文本的互动是非常有必要的，而且是非常重要的，无论是教师，还是学生，都不能够忽视这一点。

学生通过互联网可以接触到更多的知识、更多的人，他们的思想更加开放，生活更具有独立性，更希望在学校与家庭中获得更多的自主权，这种意识映射到学生的学习活动中，他们使用的学习方式也就发生了变化，当前，自主、合作、探究的学习方式是其追求的主要方式。英语教师要摆脱文本束缚，分析学生学习的实际，用更加灵活的方法引导学生发散自己的思维。要让学生发散自己的思维，教师可以在课堂上多组织学生对某一问题进行辩论，在辩论中，学生可以提出自己对问题的看法，从而让不同的观点、信息可以在互动交流中生成，这可以帮助学生摆脱思维的僵化情况，使其更愿意参与英语阅读活动。教师需要清楚地是，英语阅读教学不是一个简单的认知活动，它更是一个促进学生发展的活动，学生在进行阅读教学的过程中，不断获得新的生命体验，不断发展。

阅读教学不应该是教师一人单独的活动，学生的阅读行为也是阅读教学的一部分。因此，学生也应该积极参与到阅读教学中来。教师在教学过程中要以积极的情感引导学生，让学生能够对英文文本加深理解，感悟文本作者的思想。此外，学生对文本的解读，方式绝对不能固定，其应该是多元化的，学生要学会在对文本解读的“入”与“出”中提高自己的英语水平。“入”就是要求学生能进一步切近文本，能在对文本熟悉的基础上了解文本的深层次内涵，意识到文本的主旨，并最终做到与文本的良好沟通。当前，英语教材中所选择的诸多文本都是编写者进行诸多考虑的结果，因此文本的质量有了较大提升。教师要帮助学生挖掘文本的价值，在学生与文本中间架起沟通的桥梁，使学生可以更加高效、顺畅地解读文本。“出”就是要求学生能在文本中学到的英语知识进行转化，在后续的英语学习中能灵活地使用它们。英语阅读学习与其他英语学习都是相通的，英语知识在英语学习过程中都是可以实现转化的。

③教师与学生之间互动。第一，师生共同进步，实现教学相长。每一个文本都是作者心灵的外化，读者阅读作者创作的文本就能从其中了解作者对生命、生活的理解。不过，每个人成长的环境不同，对文本的理解也是不同的，不同的学生阅读同一文本也会产生不同的阅读感受。英语阅读教学就是要让学生可以通过阅读产生自己对文本的独特理解。

在英语阅读教学中，教师要对学生进行重新认识，学生不仅仅是“学生”，他们也可以是“教师”，教师可以从他们身上学习到一些东西，这就要求教师要以更加开放的态度看待师生关系，在英语阅读教学中多与学生互动，了解学生的学习需求。深入探究之后就可以发现，教师进行阅读教学的过程其实也是一个不断进行学习的过程，教师在进行课堂教学时，其可以在教材的辅助下厘清教学思路，完善知识体系。有些教师在教学过程中还会受到学生的启发，从而产生一些新的想法，对原有的文本产生新的认识。同时，教师也可以让学生对自己进行提问，这样教师就能了解学生的真实想法，从而更好地完善自己的教学设计，反思自己的教学行为。

第二，营造和谐轻松的氛围。当学生处于一种较为轻松、愉悦的环境，其思维活动才会更加活跃，对知识的学习才会更加高效。为学生营造一个比较轻松的学习氛围也是至关重要的，而构建新型师生关系又是其基础与前提。在教学过程中，教师要时刻具有师生平等的意识。在英语阅读课堂上，不再一味地带领学生阅读、分析文本，而是鼓励学生的参与，让学生可以对文本进行分析，发表自己的看法。而当学生对某些问题产生困惑时，教师要肯定学生这种善于思考的行为，并对其这种行为进行大加赞赏，为其营造一个轻松的学习氛围。

在具体的教学过程中，教师还要学会灵活地使用教学语言，教学语言在英语阅读教学中能发挥重要作用。首先，教师需要在课堂上使用体态语。一般而言，体态语主要有眼神、面部表情、手势、微笑等动作。例如，眼神的使用部分，教师要尽量能够使用肯定学生、鼓励学生的眼神去鼓舞学生，通过眼神实现与学生的情感交流。面部表情部分，为了让学生可以接受教师的教学，认识阅读学习的重要性，教师在日常教学中要保持一种严肃的神情。除此之外，为了拉近与学生的距离，在严肃之外，教师还要给予学生必要的温柔态度，在课堂上可以对学生微笑。其次，教师还要在课堂上多使用能够激励学生学习的语言。激励性的语言能够激发人类内心深处对知识的渴望，教师多使用这些语言可以激发学生进行英语阅读学习的欲望。

总而言之，在英语阅读教学过程中，教师不能忽视学生的学习感受，要尽可能用一些鼓励性的教学语言引导学生，让学生感受到自己是被重视的，从而也会投入更大的精力在英语阅读学习上。更重要的是，长此以往，教师与学生的和谐互动就会实现。尤其从情感层面上而言，教师与学生也完成了深层次的互动——情感互动，这样一种建立在教师与学生相互信任上形成的课堂氛围，不仅能提高教师教学的质量，而且还能提高学生学习的积极性。

第三，善用评价，及时反馈强化。首先，教师要善用随机评价。认识阅读教学过程可以从信息论的角度出发，从这一点而言，教师与学生不断对文本进行信息输入、输出，并进行评价的过程就是阅读教学过程。英语阅读教学需要评价，教师与学生进行相互评价，将促进二者实现共同进步与发展。教师给予学生的评价，可以让学生在第一时间了解到自己学习的实际情况，对于自己存在的不足，学生也能尽快了解，从而积极改正。而学生给予教师的评价，能让教师认识到自己在阅读教学中存在的问题，从而进一步优化英语阅读教学，摆正教学心态，为学生提供更加不错的教学内容与方法。

当教师在获得学生的反馈之后，往往就会对学生的学习情况做出评价，但是该评价看似非常“及时”，能让学生清楚自己的学习情况，但是同样也有明显的不足之处，那就是其他同学的创新意识可能会被限制。人们的思维活动非常复杂，那些比较具有创新性的想法并不会存在于人类思维的全过程，主要存在于思维的后半程，这就要求教师在英语阅读教学中不能只是单纯地教授学生英语知识，而是能够采取一切手段激发学生的创造性思维，而从教学评价这一个层面而言，就要求教师可以利用“延迟评价”原则鼓励学生发表自己的见解。随机评价原则要求教师可以给学生留出一些充沛的时间，让学生进行讨论，在讨论中发现问题的不同解决方法。而当学生产生答案之后，教师不能立刻对学生的答案进行绝对的“对”“错”评价，而是要给予学生适当的引导，引导学生彼此之间进行评价。

其次，教师要善用小结评价。教师对学生的阅读学习评价是多方面的，不仅要对其阅读知识掌握情况进行评价，还要对其参与阅读实践的情况进行评价，只有多方面的评价才能帮助教师更加全方面地了解学生。而小结评价是一种可以让教师对学生进行全方位评价的一种评价方式，小结评价的内容是对某一课或者单元的内容进行评价，通过这一评价，教师能帮助学生全方位把握其需要学习的知识点，同时帮助其建立自己的知识结构体系。同时，学生反过来也可以评价教师的教学，对教师的教学方法、手段等进行评价，这样教师就能清楚自己在英语阅读教学中存在的问题，从而在下一课或单元教学中做出改变。

总而言之，评价不能是单方面的，教师与学生的双向评价才是英语阅读教学不断发展的动力，教师与学生也能在彼此的评价中不断发展。

④学生与学生之间互动。一般而言，学生对文本的解读主要包括三个方面：学生自己对文本的独自体会、教师对学生的引导、学生与学生间的相互影响，学生与学生间的相互影响，是促进英语阅读教学发展的重要因素之一，这是因为学生与学生就文本进行讨论可以使其与文本之间达成不错的互动，从而使学生能更加清楚地认识文本。

在课堂上，学生对教师存在一种天然的敬畏感，他们总是习惯跟在教师后面，这导致其并没有形成创造性思维，思维发展受到明显的限制。但是，存在于学生之间的讨论往往不会出现这种情况，这是因为学生彼此之间是平等的，他们是相互了解的，因此在讨论过程中他们可以轻松地表达自己的观点。而且学生所提出的观点，在其他学生看来并不具有与教师观点一样的权威性，因此他们没有必要全部接受。在这种情况之下，学生之间更容易产生多种多样的信息，更容易理解对方，也更容易促进英语阅读的学习。

4. 当代英语互动式教学在听力中的运用

（1）互动式英语听力教学的主要方式。

①提问式教学。提问的方式可以让学生在课堂上利用英语进行回答，这样学生就获得了锻炼英语听力与口语的机会。教师提问的问题应该是学生所熟悉的，是学生感兴趣的，只有这样，一来一往的提问才能顺利进行。

教师在进行提问之前应该设计出一些相关问题，这些问题要尽量具有艺术性，能够为学生构建一个轻松、具有人文性的教学环境，同时还要进一步拉近师生关系，学生才会感受到英语阅读学习的乐趣。此外，教师为学生设计的学习内容也应该与学生的实际生活相联系，这要求教师可以在课前与学生进行英语对话，了解学生最近的生活与学习情况。与学生生活、学习密切相关的话题能激发学生的沟通欲望，能让学生更愿意与教师交流，学生英语学习也就变得更加顺畅。

②小组互动式教学。小组合作学习是学生重要的学习方式之一，该方式能让学生在共同协作中展示自己的个性，在培养合作精神的过程中形成良好的人际关系，更是能将个人学习成果转化为共同的学习成果，进一步强化了学习效果。

第一，小组划分的原则。小组合作学习的实施并不是随意的事情，需要遵循一定的原则，小组成员要保持自己各自的异质性与代表性，在小组内部，成员们都可以从别的同伴那里获得经验，同时看到自己的不足。

第二，小组划分的形式。一般而言，小组合作学习的实施可以有三种形式：一是教师比较常用的一种形式，就是学生与各自的同桌自动形成一个小组，这同时也是一个比较经济的分组形式，同桌之间彼此相熟，在进行问题探究时会更加默契；二是四个人为一个小组，四个人的小组形式也是遵循了距离就近原则，可以是前后位四人组成一个小组，也可以是横向两个同桌组成一个小组，该形式非常适合连锁问答；三是可以以座位的一竖行为一组，不过需要指出的是，这一形式有其不足，就是它可能在单词复习时会给学生带来不便。无论采用小组、横排、竖排、同桌、四人或随机排列，具体采用哪种小组划分形式，还需要教师根据教学的实际情况做出选择。

第三，小组互动式具体实施步骤：首先，出示探究问题。教师出示的问题应该是经过深思熟虑的，为了激发学生的探究积极性，教师应适当提高问题的难度，同时还要贴合学生生活的实际。其次，小组合作探究。小组合作是有一定顺序的。可以组成 4 ~ 6 人的异质小组，给予他们一个问题，让他们根据问题进行讨论，在讨论过程中他们就会发现自己的优势与不足。教师需要对小组讨论情况进行及时掌握，当讨论遇到瓶颈时，教师还可以适当地对学生进行指导，这种小组活动在很大程度上可以提高学生学习的主动性，同时还能增进学生与学生间的了解，促进其彼此间的共同进步。最后，组际间互相交流。在小组组长的带领下，各小组成员分工明确，共同探究问题，在激烈的讨论之后获得答案，各小组之间就自己得出的答案也可以进行彼此的探讨。小组内部可以推举一个人作为代表与其他小组进行交流，如果小组代表的发言内容不足或者出现某些问题时，小组其他成员也可以进行补充或纠正。除了推举一人进行结果汇报与交流，也可以采用小组汇报这种集体形式进行。不过，不论是采用哪种形式，教师都应该对小组经过讨论得到的答案给予肯定。

（2）互动式英语听力教学的应用环节。培养学生的交际能力是非常重要的事情，在课前的日常热身对话完毕之后，教师就可以将话题自然地引导到课本内容上来。在讲解课本上的听力内容时，教师可使用互动式教学方法，一般而言，这种教学方法在听力教学中的应用主要有以下三个步骤：

①预习听力材料。在进行新课之前，教师需要适当给学生布置一些预习任务，学生可根据任务对需要学习的内容进行了解。

②分析听力内容。让学生深入分析听力内容，不仅要让其从基础层面出发了解听力材料中需要其认识的新词汇、语法，而且还要对听到的内容能都列出提纲、独立组织。教师要鼓励学生积极将自己听到的内容阐述出来，当发现学生表达有误时教师不宜立即阻止，而是要等到学生阐述完成之后再对其问题进行纠正，尽量不要打乱学生的表达节奏。

③巩固练习。为了巩固互动式听力课堂教学的成果，学生还需要进一步对已经学习完的听力材料进行巩固练习，还可以让学生在听完之后进行讨论，以实现教师与学生、学生与学生之间的沟通，这种互动不仅能让教师了解到学生英语听力学习的实际情况，还能进一步激发学生英语听力学习的积极性。

（3）互动式英语听力教学的实施对策。英语教学最为直接的目的就是通过向学生传递听说读写这些基础理论知识，使学生掌握必要的英语基础知识技能，从而使其最终可以在交际中灵活运用。语言的学习一般都是从听开始的，因此大学英语教学应该关注听力教学，教师在英语听力课堂上也应该选择适当的策略，注意培养学生的听力信心。通常情况下，教师在互动式英语听力教学中使用的策略主要有以下四个方面：

①解析标题。解析标题策略的主要运用领域是训练学生主题听力技巧。在使用这一策略时，教师先要向学生介绍一些任务，这些任务能够保证学生在具体听的过程中把自己的注意力放在文章的主要内容提炼上，再播放录音材料，让学生根据所听材料选择适当的标题。

②进行概述。进行概述是对文章主旨进行概括的策略。当学生听完材料之后，教师可以让学生对整个文章的大意进行总结，再提供给学生关于文章概述的选项，让学生根据自己所听的内容进行选择。

③学会排序。教师可以把听力材料的顺序打乱，向学生布置一些相关任务，之后播放听力材料，要求学生根据听到的情节对故事顺序进行重新排序，当学生完成排序之后，教师可以对学生的顺序调整做出最后评判。

④复式听写。复式听写策略的主要目的是从听力材料中获取具体的信息。在播放听力材料之前，教师要事先告诉学生哪些比较重要的地方已经删掉，进

而提醒学生要注意聆听这些地方，在完成听力之后，学生需要将被教师删除的部分填补上。

听力训练的过程是一个并不容易的过程，训练形式也是多种多样的。教师在具体实施听力互动式教学策略时，应该遵循听力教学的相关原则，要从学生互动需求出发，这样才能提高英语听力课堂教学的质量。

5. 当代英语互动式教学在口语中的运用

（1）互动教学法对英语口语教学的启示。

①确立正确的教学目标。存在于英语课堂上的口语互动都是以教师的启动为前提的，特别是教师在教授新课之前，应当对学生进行适当引导，能够熟悉教材，精心组织教学活动。而这些都需要教师围绕教学目标进行，正确的目标是教师进行教学活动的风向标，目标正确，教师才能沿着正确的教学道路前进。

②及时引导学生。在英语互动式口语教学过程中，教师一般会利用一些小问题将教师与学生联系起来，促进二者产生良好互动。在教师提出问题之后，学生需要及时回答，但是教师不能盲目认为所有学生都能迅速给出正确的答案，每个学生都是有差异的，学生水平不同，其思考答案的速度也是不同的。对于那些存在思维或语言障碍的学生，教师不可以要求其迅速给出答案，而是要运用恰当的方法对其进行积极引导，引导所使用的语言不要太生硬，最好能委婉一些。引导学生的过程就是教师与学生进行互动的过程，当学生进行英语口语训练时，教师可以给予其恰当的引导。

（2）英语互动式口语教学的实施程序。

①确定目标，提出问题。在英语互动式教学中，教师要先确定教学目标。当目标确定之后，学生就会自动生成渴望完成目标的心理倾向，并且在教师的客观刺激下，学生的学习积极性也会被激发出来。围绕着教学目标，教师制订教学计划，实施教学策略，学生制订学习计划，选取学习方式，并且在教与学的过程中，教师与学生完成了良好的互动。

此外，英语互动式教学的实施还需要一定的问题启示学生的学习。对于问题，它需要具备两种特征：第一，具有启发性，学生在思考问题时可以联想到其他相关知识，可以激发自己的好奇心；第二，具有发散性，问题不应局限于一个知识点，而是能让学生根据这一个问题发散自己的思维，拓宽自己的学习视野。

除此之外，还需要格外注意的是，教师所提出的问题不能太难，也不能太易，而是要适中，能合理反映学生的学习情况，同时也能激发学生的学习积极性。

②创设情境，实践演练。英语口语教学非常注重情境演练，情境是学生接触英语知识比较直观的方法，它是英语教学比较关键的部分。创设情境主要能发挥两方面的作用：一方面，能加深学生对英语知识的理解，这是因为教师所创设的情境往往贴近生活，学生在这种情境中学习，自然可以更好地了解这些知识；另一方面，能感受到英语学习的真谛，在具体的情境中，学生能体会到英语语言的魅力，认识到英语语言知识并不是唯一的学习内容，文化学习也同样重要。在情境中练习口语，学生能直接感知英语国家的文化，清楚了解在英语口语交际中的文化问题。

③鼓励思考，帮助学生拥有自己的思考空间。任何知识的学习都不容易，除了教师教授给学生的知识外，学生也应该依靠自己的努力完成知识的获取，发挥自己的思维能力。

④组内讨论，组际交流。在思考完成之后，讨论与交流是必需的，一般而言，其主要包括两个部分：一个是组内讨论；另一个则是组际交流。教师对学生进行分组，提供一个可讨论的题目，学生就这一问题进行组内讨论，在激烈的讨论中，学生的口语能力得到了锻炼。与此同时，当学生在对某一问题产生疑惑时，教师就可以对其进行恰当引导，通过与教师的交流，学生的口语水平也得到了一定程度上的提升。

组际交流是另一种交流的方式，它是小组讨论的进一步拓展。当各小组完成问题探讨之后，教师就可以让各组进行组际交流，在各组交流的过程中，教师不应该打断他们彼此间的对话，即使交流过程中出现问题，也应该在交流结束之后，教师再对其进行指导。

⑤及时评价，总结反馈。在教师与学生互动的过程中，教师要对学生的学习活动进行评价，评价学生的学习态度、学习意识等。不能采用一种评价方法评价学生，因为每一个学生都是不同的，教师要尽可能采用多样的评价方法，以尊重每一位学生，正确评价每一位学生。评价是对英语互动式口语教学的总结，通过评价内容与结果，教师可以总结出自己在教学过程中的不足，也可以总结出学生在学习过程中的不足。

（三）当代英语混合式教学模式

“混合式教学是一种融合传统教育教学与网络在线教学的教学新模式，采用传统课堂教学 + 网络线上教学有机结合的混合式教学，可以有效提升学生学习的深度，从而强化教育教学效果”[①]。混合式教学是网络技术迅速发展的产物，也是教学领域中的一种新方式，这种新教学方式有利于教师合理安排教学活动，也有利于学生根据自己的学习情况科学规划自己的学习进度。混合式教学是传统教学的延伸，是网络在线教学的补充，既能够弥补传统教学的不足，又能够发挥网络在线教学的优势。尤其是在信息化迅速发展的今天，信息技术和网络技术在教育教学领域的应用越来越广泛，混合式教学也日益受到关注。

1. 当代英语混合式教学的特征

混合式教学是传统教学 + 网络在线教学的结合，传统教学的主要媒介就是课堂。在课堂教学中，教师借助黑板、多媒体将知识传授给学生，且教师与学生之间的交流是面对面的。而网络在线教学的主要媒介是移动终端设备，移动终端设备中拥有教师上传的优质教学内容，这些教学内容都是共享的，学生可以根据自己的学习情况来合理选择、科学规划学习，从而使自己更加深入的学习。

在混合式教学中教师面临着新的要求。在混合式教学中，教师不仅要给学生讲授知识，还需要考虑学生对知识的接受度。同时，教师还应该根据学生的学习情况及时调整教学内容和教学活动，从而使教学内容和教学活动能够跟上学生学习的进度。因此，在混合式教学中，教学内容、教学活动都是动态变化的，其目的就是为了学生更好地学习。混合式教学包括传统教学和线上教学。线上教学重视学生的个性化差异，鼓励学生自主学习，这样有利于学生个性化的发展。与此同时，学生可以根据自己的学习情况进行线上学习，这样在课堂教学中就有了充分的准备，有利于避免传统教学中被动的局面。

混合式教学的特征主要表现在以下五个方面：

（1）线上 + 线下。混合式教学要包含线上教学和线下教学两种形式，既要有学生线上的自主学习，也要有师生面对面的集体学习。

---

① 徐玉书 . 新时期高校英语混合式教学模式构建与管理——评《课堂教学与管理艺术》[J]. 科技管理研究，2021，41（1）：216.

（2）线上教学是必备活动。强调“必备”就是为了说明混合式教学中的线上教学部分不是可有可无的，而是必备的核心教学活动。如果脱离线上教学部分还能继续进行的教学，就不是混合式教学。

（3）线下是线上的延续。强调“延续”一词，就是为了说明混合式教学的线上和线下两部分教学不是彼此分离的，而是有机统一的。线上部分的学习是线下部分学习的基础和前提，线下部分是线上学习的延续和提升。

（4）没有统一的模式。混合式教学不是模式统一的教学，而是传统教学与网络在线教学的有机融合，也就是实现了线上和线下的融合。

（5）狭义的混合。强调“狭义”就是要把“混合”限制在线上 + 线下两种教学手段的组合上，而不是其他方面的混合。因为当前有的人把不同教学模式、不同教学方法、不同教学手段甚至是不同教学理念的混合式都界定为混合式教学，这种界定对于指导教学实践意义不大，在这样的语境下很难找到不是“混合式教学”的教学实践。

2. 混合式教学对当代英语教学的影响

（1）英语课程学习不受时间与地点的限制。随着信息技术的发展，现代化设备在教育教学中的应用更加广泛。信息技术具有开放性、丰富性、自由性等特点，有利于提高英语教学的效率和目标。同时，网络平台上有多种类型的英语教学视频，且这些教学视频内容丰富、涉及面广泛、讲解清晰、针对性强。学生可以根据自己学习情况和学习时间有针对性地学习网络上的教学视频，从而使碎片化学习成为可能，也使学生的时间得到了最大程度上的利用。在“线上”+“线下”双线性的教学方法运行中，教师可以通过在网上自主搜索先进的资源，丰富自己的英语教案内容，弥补传统教学内容单一的弊端。混合式教学的这种线上线下教学模式打破了时间和空间的限制，使教师和学生自由安排时间体验英语教学内容，拉近教师与学生的距离。

（2）创新教学模式，提供丰富的英语资源。混合式教学模式是传统教学与网络在线教学的有机结合，是一种新型的英语教学模式。尤其是线上教学拥有丰富的英语资源，从一定程度上为学生的学习提供了支持和保障。但这些丰富多样的英语资源也给学生带来了选择上的困难。因此，教师和学生在选择网络英语资源时要结合自己的需求，然后结合网络课程的点击量，不要盲目地去选择。

此外，教师也可以在网上搜寻一些点击量较高的教学视频，并把这些视频内容制作成较为精良的课程内容，以切实满足学生的需求。

3. 当代英语混合式教学模式的构建策略

为了使英语教师可以更好地进行英语教学，对当代英语混合式教学模式进行设计，主要包含以下六个方面：

（1）引入阶段。在引入阶段，教师主要根据教学内容来进行英语课程的具体设置。通过课程的引入，学生能够提高对英语课程的认识，并意识到英语课程的重要性。此外，教师可以采用形式多样的教学内容来引入，比较常见的有提问、故事讲述等。

（2）目标设定阶段。在应试教育的影响下，英语教学的目标通常注重学生的学习内容以及学生的应试能力，忽略了学生的认知、行为和情感等。混合式教学作为一种新型的教学模式，应该结合时代的发展以及教育改革的要求，注重高阶目标的设定。例如，在提高学生语言技能的基础上，提高学生分析能力、创造能力和跨文化交际能力，进而提高学生的专业英语能力、创新能力等综合能力。

（3）教学过程中的前测阶段。前测通常发生在教学之前，其目的主要是了解学生的现有英语水平、学习需求以及对英语学习的兴趣。因此，在英语混合式教学模式构建中，教师应该注重这个前侧阶段，采用提问、考试等方式来对学生的具体情况进行测试，这有利于为教师后续的教学提供依据。

（4）参与学习阶段。教师在实施英语混合式教学模式时，应该根据教学目标及学生的实际情况，开展与之相关的英语教学活动，并鼓励学生积极参与和讨论。总而言之，参与式学习对英语混合式教学模式的实施也是十分重要的。

（5）教学过程中的后测阶段。后测是相对于前测而言的，是前测的一种延伸。教师完成教学之后，要想了解学生对知识的掌握情况，就可以采用后测的方式。在英语混合式教学中，教师也应该注重后测，除了要测试学生对教材知识的掌握外，还应该测试学生的英语技能、英语应用能力、表达能力、理解能力等，从而及时调整自己的教学进度。

（6）总结阶段。总结阶段也是英语混合式教学模式构建的重要内容。除了总结学生的学习情况外，教师还要对自己的教学进行反思。并以此为依据，不断学习、不断进取，使自己能够适应时代和教育改革的发展。

第二节　应用语言学的性质与发展历程

一、应用语言学的性质

（一）应用语言学的实用性

应用语言学是对语言使用展开的研究学科，因此带有较强的实用性。除此之外，这种实用性还表现在应用语言学研究的根本目标上。应用语言学虽然通过一定的理论与方法对语言使用展开分析，但是其最终目标并不是追求研究的理论性，而是试图通过语言研究更好地指导语言使用。

（二）应用语言学的独立性

应用语言学是语言学中一门相对独立的学科，主要体现在四个方面：第一，应用语言学有明确的研究目的与对象，即主要研究的是各个领域的运用；第二，应用语言学具有一套完整的研究方法与理论；第三，应用语言学领域有从事研究的专门人员；第四，应用语言学具有专门的研究组织，甚至是国际性组织。

（三）应用语言学的综合性

综合性是由应用语言学的学科性质决定的。应用语言学，既要研究语言学知识，还要研究相关学科的知识。正因为应用语言学在不同的领域中要与不同学科相结合，才出现了应用语言学的下位学科，如社会语言学、心理语言学、人类语言学、神经语言学、病理语言学、计算语言学等。因此，学习和研究应用语言学，除了要研究语言学的知识和理论方法外，还需要研究其他学科中的知识。由此可见，应用语言学是一门跨学科的综合性学科。

二、应用语言学的发展历程

20 世纪五六十年代，应用语言学在我国得到了长足发展，在 20 世纪七八十年代形成学科。1984 年，语言文字应用研究所（以下简称语用所）成立，这标志着我国应用语言学学科正式形成。成立初期，语用所是在中国社会科学院与文改委的隶属下。1988 年，语用所归属于国家语言文字工作委员会。后来，国家语言文字工作委员会与教育部合并，这时语用所成了教育部的下属机构。1992年，《语言文字应用》杂志正式创刊，根据国家对于语言文字的政策，为了实现语言文字的规范化与标准化，通过对应用语言学的学术成果进行发表，使国内外应用语言学的队伍不断壮大起来。之后，应用语言学的研究领域不断扩大，应用语言学与心理学、文化学、神经学、人类学、计算机等的结合是最好的体现，其发展的趋势前景广阔，中国的研究者也在致力于应用语言学的多领域研究中。

第三节　应用语言学与英语教学的关系

在语言学研究范畴中，应用语言学的重要性越来越凸显，学生可以运用语言学理论知识处理一些实际性的问题。语言学习的主要目的就是维持人际关系，但是语言基础性知识并不是交际能力好坏的评判依据，而是人们对语言技巧的掌握应用熟练度。因此，学生在掌握一定语言学知识的同时，还应该加强注重实际应用的训练。合理进行语言学与英语教学关系的整合，能够促使学生英语能力有效地提高。就这一方面而言，加强整合应用语言学与高校英语之间的关系探究有着很强的现实意义。

一、应用语言学对当代英语教学的作用

（一）活跃课堂氛围

就当前情况而言，高校在英语教学活动开展中，往往会采用灌输式教学模式，师生之间缺乏必要的沟通，学生在课堂上易出现注意力不集中的情况，阻碍到教学目标的达成。而在具体教学中合理落实应用语言学思路，教师便能借助其内涵扩充教学思路，转变灌输教学的现状。应用语言学主要是以应用教育为主，这里所讲的应用主要就是指活动，需要教师在教学实践中加强活动的组织开展，这样便能很好活跃课堂氛围，提升课堂教学质量。

（二）延伸教学内容

随着英语教学的发展，高校英语不论是在哪一个方面都有着很大的提升，不再局限于基层层面，高校学生英语水平相对均衡，在这一背景下，如果高校依旧组织基础教育，那必定会影响到整体教学时效性。而基于应用语言学合理进行教学改革，在教材与教学大纲编制过程中，可以选择的思路将会更为宽泛，而大学生教学理论范围自然也会加宽，教学内容则能得到很好的延伸。

（三）强化学生的英语运用能力

应用语言学的核心所在就是应用，不过就当前情况而言，因为受到应试教育的影响，使得高校往往侧重于理论提升，对于应用能力的培养并不是很重视。需要注意的一点是，要想有效提升学生的应用能力，必须得有着扎实的理论基础，而应用语言学概念能够帮助学生将理论转变成为应用。如果在大一阶段就直接进行两者的融合，那学生的英语应用能力便能跟随学年的增长而提升，继而更好满足当前社会对人才的要求。

二、基于应用语言学下当代英语教学的改革

（一）深入研究与分析应用语言学

从语言学角度而言，语言属于一种社会现象。而英语并不是我国学生的母语，如果学生在具体实践中没能掌握有效的方式，那便只会能写能听，不过却不能说的状态。对此，需要高校英语教师加强重视，并且对学生的反应状态展开深入的分析，加大对应用语言学的研究，在此基础上进行教学调整与优化，最终实现理想的教学目标。例如，针对学生在对话过程中难以实现时态的灵活转变这一问题，教师就可以在教学活动组织设计中合理融入这一问题，为学生提供针对性的教学指导，如有意识营造对话场景，然后组织学生进行锻炼，这样便能很好解决这一问题，并且促使学生英语能力有效的提高。

（二）注重应用语言学的落实

就高校英语课堂教学模式而言，往往会分成五个部分：热身、引入、教学以及联系与反思，这五部分科学性较强，所以在此不需要进行改变，只进行一定改良即可。高校要想达成理想的效果，可以组织英语教师对英语语言学展开深层次的分析，之后根据分析结果推动教学结构进一步的优化。例如，在热身、

教学与练习环节，教师应该尊重学生课堂主体性，尽可能给予学生更多的主动权，可以以上节课的内容当作引导，让学生通过情境表演或者是角色扮演等方式进行应用交流沟通。当教师确定学生大致掌握上节课内容的时候，便可以进入新课内容。在具体课堂教学环节，教师还需加强重视应用语言学理念的渗透，换言之，所有的教学活动都应该以实际应用情境为主，确保学生英语应用能力能够得到发展与进步。

第二章　应用语言学视域下的当代英语听力教学

第一节　英语听力教学的性质、特点与重要性

一、英语听力教学的性质

英语听力主要有四种取向：第一，接受型的听，它是听者接受发话人的信息之后对信息进行解码的过程；第二，建构型的听，它是对意义进行建构和表征的过程；第三，协作型的听，它是听者与发话人之间进行意义的磋商，并作出反馈的过程；第四，转换型的听，它是通过想象、参与等方式来对意义进行创造的过程。对于高校学生而言，听力能力是一种十分重要的能力，英语听力要求学生具备较强的语言敏感性。语言敏感性的培养不是一蹴而就的事情，它要求在熟练掌握语言的基础之上了解中西方的文化差异，从而主动地去了解和学习语言背后的文化知识。

教师在英语教学中要把英语的听力教学和英语的口语教学结合起来，从而使学生可以在练习英语听力的同时练习英语口语，这也是一个积极的互动过程。教师可以通过听与说的结合，把交际互动观直接引入英语听力教学。在学生的日常学习活动中，练习英语听力最常用的方式就是开展英语对话。对话就会有交际的双方，他们之间也会有一定的互动，也会有语言的听和说。在开展英语对话的过程中，交际双方都要掌握一定的英语听力技巧和口语技巧，从而使交际更加顺利、高效。由此可见，在高校英语的听力教学中，把英语听力和英语的口语结合起来进行学习，就可以使单一的英语听力练习变成一种互动的对话。

换言之，教师把交际互动观引入英语的听力教学中不仅可以丰富学生的练习内容，激发学生的听力学习兴趣，还能够增强学习的互动性，使学生乐于学习英语，这也使英语听力的学习过程变得更加有趣味性。

二、英语听力教学的特点

（一）听力教学的对象特点

通常一个大学班级的大学生来自全国各个地方，学生的听力水平参差不齐。部分学生听力基础较差，没有掌握正确的学习方法；部分学生的语音语调存在很大问题，因而很难听懂正常语速的听力材料甚至已经学过的常用词；部分学生英语水平很高，比较容易听懂听力材料。在听力水平不同的情况下，使用相同的教材和教学方法，使得听力水平低的学生不想学，教师授课难，也就达不到提高大学英语听力水平的教学目的。目前，一些学校尝试打破原有的以院系为单位的班级，将学生听力水平分成提高、普通和预备三个层次，针对性地选择授课内容和授课方法，更好地落实因材施教的原则。

（二）听力教学的内容特点

英语听力教学内容较为广泛，不仅包括语言知识、文化知识，还包括培养学生对听力策略的掌握和运用。目前，学生主要的听力问题可以概括为三种：第一，听不清，即对单词的发音、英语的语调特征、说话速度不熟悉，以致不能有效地获取信息；第二，听得清却听不懂，这是由于对英语的句法结构、文体特征、篇章逻辑不了解和缺乏听力技巧而造成的障碍；第三，听懂了却无法理解，这是由于学生个人的知识结构、文化背景与所力材料的差距过大造成的。因此，词汇障碍、语义障碍、语音障碍、听力障碍、心理障碍以及文化障碍等成为高校英语听力教学的主要问题。

三、英语听力教学的重要性

语言是有声的交际工具。人们要进行语言交际活动，必须要能够听懂对方讲的话，否则，交际就无法进行。英语的五大基本技能“听、说、读、写、译”，也是把“听”放在首位的。听力在整个英语学习过程中起着重要作用，听力水平的高低直接影响着整体外语水平的提高与发展。

“听”是人类语言交际的组成之一，良好的听力是语言交际的基本能力之一。听力对于语调、语音、词汇等基础知识的要求很高，如果学生的基础较差，而且对英美文化了解太浅，就不能够从语言中提取自己需要的信息，因此在听力上出现障碍。信息的获取不仅仅是从语言结构中提取出来的，很大一部分也来自大脑中原有的信息和预警。想要学好英语，提高听力水平，就必须对英语国家的历史文化、生活习惯和风土人情有一定的了解，避免理解障碍的出现。在当代英语教育中，应当加入一部分文化因素，帮助学生从单纯的声音依赖中走出来，增强理解能力和表达能力。所有的语言都是在文化的基础上产生的，没有一种语言是凭空生成。语言与文化之间的关系密切，语言是文化的载体。因此，语言不仅能够反映一个国家、区域的文化，受到文化的影响也会很大。在当今的英语教学中，文化因素已经成为一种对教学质量具有重大影响的因素。普及英语教育是我国走向世界的基础，在英语学习中，听力的问题是其中的难点。

第二节　当代英语听力教学及其遵循的原则

当代英语听力教学应尽力让学生全方位、多层次地接触不同层面的英语。英语听力课和阅读课以及写作课等有很大的不同，它要求学生充分运用自己的听觉器官，同时大脑要快速地运行来分析获取的信息，从而做出合理的判断。在练习英语听力的过程中，如果学生一直处于一种十分紧张的状态之中，学生就很有可能会判断失误，从而降低听力学习的效率。教师可以引导学生通过具体的语言实践，了解和掌握各种文化背景知识的方法。从影视作品、书本等渠道了解说英语的人的说话习惯和交流方式，这样会提高英语学习者的学习兴趣，使学生减少听力理解的障碍和失误。当代英语听力教学遵循的原则主要包含以下三个方面：

第一，真实性原则。在当代英语听力教学中，教师应该保证教学任务设计或教学活动设计的真实性。具体而言，就是教师要明确听力教学应该在怎样的情景中发生，或需要在怎样的情景下进行交际。由此可见，真实性原则是教师在教学中实施任务型教学法必须遵循的原则。只有使语言与情景有效融合，才能实现交际的目的。如果没有真实性的情景，交际也很难顺利进行，语言知识与情景也很难融合在一起。教师应该从思想上意识到真实性原则在英语听力教学实施中的重要性，应该重视语言知识的情景性设计，鼓励学生不断适应新的情景，同时引导学生利用各种手段和途径来理解语言知识情景。在此基础上，学生还应该学会将自己学习的语言知识与新的情景有效融合，从而实现知识中有情景、情景中有知识的多元化体系。

除此之外，需要强调的一点是，在当代英语教学中，绝对的真实性情景并不容易实现，这里强调的真实性原则并不是绝对的真实性，而是要求尽可能地真实，尽可能地与现实生活贴近，或尽可能地为学生提供真实的教学情景、学习情景和交际情景。

第二，信息差原则。信息差简单理解就是交际双方之间的各自拥有的新信息。信息差的实施必须有共享信息作为基础。只有交际双方在共享信息的基础上，才能通过交流和交际来获得各自所需要的新信息，这也就是交际双方交际的最终目的。在当代英语听力教学的过程中，教师应关注信息差，了解共享信息信息基础作用，理解学生的交际需求，明确任务本身所要表达的意义或价值。

第三，互动性原则。语言教学需要互动性，当代英语教学也不例外。在当代英语听力教学实施过程中，也应该注重互动性。互动性强调的是师生双方在交际过程中的双向性，无论是对话、会话，还是讨论都是互动性的。具体到日常生活中的交际中，最为常见的交际方式也是双向的。在英语听力教学中，互动性是语言输出的基础，是信息交流的前提，是意义协商的保障。需要指出的是，互动还需要一定的条件，如话语常规、人际关系、交际需求等，只有这样，才能保证互动是有意义和有价值的。与此同时，在互动过程中，为了能够保证互动的顺利性和有效性，互动双方还应该选择不同的语言交际形式，互动的过程也就交际双方互相了解对方的过程，也是获得交际需求的过程。互动能够使交际双方更好地认识语言、了解语言、理解语言和使用语言。

在当代英语听力教学过程中，教师应该充分发挥互动的作用，采用多种方式鼓励学生主动发言、主动交流、积极提问、主动辩论等，有利于学生从中感受到互动的乐趣，激发学生学习英语的兴趣。“各育人主体只有始终坚持从学生发展的角度出发，而不是以教师或管理者的角度来思考，才能真正形成育人合力，保障人才培养工作的核心地位”①。此外，教师应该将互动性贯穿于听力教学的整个过程中，多布置一些互动性的任务，鼓励学生积极参与到互动活动中，从而使学生更好地完成任务。

第三节　高校英语听力的课堂教学体系解读

听力教学的目标是使学生能够恰当、灵活地使用各种听力技巧，最大限度地提高听力理解的能力。但是在真正的“听”的实践中，可能遇到各种困难。即便学生还不能够完全掌握所学的语法现象和大量的词汇，教师也期望学生能够应对真实的交际环境，这就意味着学生要能够尽量多地理解所听到的语音，分辨出相关的信息，了解主要内容而非逐字逐句地理解。多听可以得到更多的语音输入，而语音输入是语言习得的基础，是交际互动的必要条件之一。教师要培养学生根据不同的语境、不同的输入的信息来调整听的行为，帮助学生建立系统的听力策略。“在信息化时代下，教学信息资源来源多元化，要求教师具有新的课程观、教学信息资源观，从权威的课程执行者成为学习环境的创建者及教学信息资源的收集者、开发者和设计者”②。

第一，高校英语听力课堂教学策略体系。听力策略是加强听力理解和回忆所听内容的技巧或者活动。听力策略主要包括自上而下和自下而上两种方法。自上而下的方法以听者为出发点，听者应了解话题所涉及的背景、上下文内容，文章的类型和语言，这些背景知识将有助于听者预测和阐释所听到的内容。自上而下法所采用的方法包括抓主旨大意、预测、推理、总结等。自下而上法以文章为出发点。自下而上所采用的方法包括听具体细节、辨识单词、了解词序的模式等。另外，熟练掌握听力技巧的听者还能够使用元认知策略来计划、检

---

① 郑秀英，崔艳娇，孙亮，等．“以学生为中心”的高校教学督导工作探索 [J]. 教学研究，2019，42（5）：44.

② 唐君．高校英语信息化教学研究 [M]. 北京：中国国际广播出版社，2018：85.

查和评估他们所听的内容。

除上述两种具体的方法之外，听力教学还要注意培养学生的元认知策略。元认知策略具有计划性、监控性、反馈评估性的特点。元认知理论是指一个人所具有的关于自己思维活动和学习活动的知识及实施的控制。帮助学生建立系统的听力策略体系，并能够灵活地使用恰当的策略来应对不同的语境，最终达到加强听力理解的目的。听力材料应该包括独白和对话在内的选材广泛的真实的口语语篇。在听之前，教师应该使学生建立相应的图示；听力的策略要融合于听力的材料之中；要给学生几次听一个语篇的机会，使他们逐渐地形成自己的听力技能，并在每次听的时候逐渐加大听力任务的难度；听力活动要有目的性，学生要清楚自己要获得怎样的信息，为何要获得这些信息；听力活动或者任务要给学生创造积极参与听的过程的机会。

第二，高校英语听力教学应试策略体系。造成英语听力考试成绩不理想的原因主要包含六个方面：①有些考生对该门课程的考试形式不了解，有的则不适应；②有些考生知识面不宽，文化知识贫乏，缺少应有的常识，对所听题材内容和背景知识不熟悉；③相当部分考生英语和汉语的语言表达能力较差，一句话翻来覆去，拘泥于字面，机械地逐字翻译，根本无法达到即席口译的要求；④部分考生不懂口译技巧，不善于做笔记，有的根本不会做笔记，因此说不出一个完整的句子；⑤有的考生发音不准确，语调不自然，个别考生词汇贫乏，语法知识欠缺，综合理解能力差；⑥个别考生不会用英语思维，他们喜欢一个词一个词地听，往往是将听到的英语译成母语后才理解其意。

听力理解要求学生具有扎实的语言知识，如语音知识、词汇量、语法知识等。如果学生注意这些方面能力的培养，又能使用较为得当的学习方法，那么，听力理解能力还是能够较快提高的。目前，听力练习的基本形式是听广播、看电影、听报告、看录像等等。随着科学技术和网络技术的飞速发展和对外交流的增加，学生接触到讲英语的人士越来越多，能够通过与外国友人的交流进一步提高听力理解能力。

第四节　应用语言学视域下的英语听力教学策略

英语教学中的听、说、读、写四项活动既相互独立又相互依存，在听、说、读、写四种能力中，任何一种能力的提高，都能带动其他能力的提高；反之，任何一种能力的缺乏，都会影响其他能力的掌握和运用。因此，听力教学要与说、读、写教学结合起来进行综合教学，这样不仅可以带动其他技能的发展，还可以创造真实的语言环境，有利于培养学生的交际能力，收到事半功倍的效果。

第一，听读结合策略。听读结合不仅能增强学生的语感，还有助于单词音、形、义三者统一起来，从而减少判断误差。听读结合可以二者同时进行，也可以先读后听、先听后读，还可以听读交替进行。听读结合一方面能够降低听的难度；另一方面也能使词汇的发音和词形形成对照，有助于学生克服文字对听的干扰。此外，听读结合不仅可以让学生模仿到纯正的语音、语调，还可以纠正学生的错误发音。长期坚持边听边读不仅可以加深对文本的理解，而且可以提高对语言的反应速度。随着听力输入量的增大，词汇复现率也会增加，学生对常用词语也会更加熟悉，以后再遇到这些词语时，就能迅速做出反应，理解听到的内容。

第二，听说结合策略。尽管听力教学的重点在于听，但根据所听内容增加说的训练有助于学生巩固听到的内容，并增进理解。这是因为，听是语言获得的必经过程，只有听到了、听懂了，才能作出相应的反应，即给予反馈。因此，听力练习的过程也是口语熟悉的过程，而口语训练的过程也是听力锻炼的过程，二者相互促进。在英语口语中，不同的语调表达不同的感情，教师必须注意这一点，鼓励学生用口语表达自己的思想感情，使学生在说的过程中揣摩不同语调的内涵。需要指出的是，在听力教学中，听说结合看起来是有听有说，但是主要的目的和主要的活动是听，所以说的部分应以简略为主。

第三，听写结合策略。听写结合的最佳形式是听写练习。听写是一种难度较高的听力训练活动，它要求学生在有限的时间内将听到的内容记录下来，这不仅要求学生听得懂，还要求学生写得出来，这种配合方式需要高度集中的注意力和对语言的敏感性，是测试听力的主要手段之一。例如，我国大学英语四、六级考试的听力中就有听写填空或复合听写的题型。因此，在平时的听力教学中，教师要有意识地培养学生听写的能力。鉴于听写的难度较高，一开始可以先听写词汇、句型，当学生的听写能力有所提高以后再听写课文或与课文难度相当的材料。

第四，视听结合策略。随着英语教学手段的不断更新，多媒体教学已经成为英语听力教学的有效工具之一。那么，教师也应做到与时俱进，充分利用先进的教学手段服务于更为有效的英语教学。当然，在课堂中听老师和同学讲，听英语磁带也是学生练习听力的有效途径。除此之外，教师在课内可以让学生多看一些音像视频材料。一方面，由于视觉形象思维与逻辑思维的相互作用，能够减少影响听力的心理活动，有助于学生迅速准确地理解听力材料；另一方面，视听结合的教学手段可以增加课堂的趣味性，激发学生学习的兴趣，达到更佳的教学效果。此外，教师还可以鼓励学生在课外多看英语电视节目、电脑学习光盘以及网上视频英语等，使学生通过视听结合的方式更为有效地习得语言技能。

第三章　应用语言学视域下的当代英语口语教学

第一节　英语口语教学的性质与心理机制分析

一、英语口语教学的性质

口语是通过运用语言来表达思想、进行交际的一项技能。相较于书面语而言，口语是一种有声的语言，是语言输出的一种形式。口语与听力是密切相关的，是在听的基础上不断发展的。一般而言，口语的发展主要经历了三个阶段：在说的动机下产生了言语的雏形；发现了内在语言的构成要素；经过语言逐渐向外在语言转换。具体到英语这门语言，英语口语教学主要包含以下两个层面：

第一，口语的技能。口语的技能是从对语言知识的掌握到口语的技能形成转变的一个必需的环节，简单而言就是口语的实际表达状态。口语的技能不断推动和促进着学生说的能力的形成和发展。在英语教学中，口语的技能主要包含：①语音、语调是否正确；②词汇运用是否贴切；③语句结构是否与语言表达习惯相符；④言语应变能力是否敏捷；⑤语言表达是否简单明了。

第二，口语的能力。口语的能力制约和调节着口语的技能。如果口语的能力强，那么口语的技能必然好；反之，如果口语的能力弱，那么其口语的技能必定也差，口语的能力的高低对口语的技能好坏起着决定作用。

二、英语口语教学的心理机制

英语口语教学的心理机制主要包含由听到说、由不自主到自主、由想说到说明白这三个阶段：

第一，由听到说。无论是学习母语还是学习外语，都需要先听。听是口语的前提和准备，听的准备越是充分，口语的学习就越是顺利。听的阶段是沉默的阶段，虽然不开口说，但是确实在为说酝酿。从听到说，是符合语言接受的客观规律的。如果听得好，学生的发音器官就会异常活跃，最终就会产生说的意愿。

第二，由不自主到自主。英语学习是一个从不自主到自主的过程，这在说的阶段表现得更为突出。在开始的时候，学生说英语总是将其注意力放在语言形式上，无暇顾及词语、句子的意义；而且在与人对话的时候，学生也很难关注到对方说的内容，而只是被词句吸引，在这种情况下，学生的精神比较紧张而且思路不清楚，已知的技能也会变得不纯熟，这样的说也就变成了被动的、不自主的说。事实上，这是每一位英语学习者必经的阶段。

但是，这种不自主状态是可以转化成自主状态的，那就是依靠英语学习者坚持不懈的努力。从不自主转化成自主的关键是口语的经验的积累以及对话语环境的适应。因此，只要在客观上满足口语的条件，在主观上满足说的愿望，那么就一定可以达到自主。自主就是能够将自己的注意力集中于自己说的内容和对方说的内容上，而不是语言形式上，怎么想就怎么说出来，而不是先想好了后说。不自主和自主是属于心理的范畴，也属于语言的范畴。如果进入了角色，说英语时就显得非常轻松自由，只要把自己的意愿说出来即可，而很少考虑所说的词语、句子是否符合语法规则。从这个意义上而言，自主又具有相对性。

第三，从想说到说明白。当一个人说话的时候，他会受到动机的影响，产生想说的念头，会将注意力集中于想说的内容之上，这就是说哪些内容的问题。当他将想说的内容与语言联系起来，这就是怎么说的问题。因为口语活动的速度是相当快的，要求说话者能够灵活运用语言，随时对所需的语言材料进行记忆和检索，并且有足够的记忆来完成整个句子。因此，口语的过程不仅是一个想说、说哪些内容、怎么说的过程，更是一个不断调整、控制和修正的过程。

第二节　当代英语口语的教学特点与重要性

一、当代英语口语的教学特点

（一）当代英语口语教学的内容特点

当代英语口语教学的内容是广泛的，不仅包括在口语课上教学生如何说，而且还要从教学内容、教学安排等方面保证学生在课下都有大量的口语实践机会。因此，教学内容的广泛、可延展性是英语口语教学的特点之一。教师可以有计划地组织安排各种训练活动，把训练学生听、说、读、写、译等各项能力有机地结合起来，根据不同阶段，不同的练习目的和主题采取诸如朗诵、配音、辩论、演戏、口头作文等多种形式，把握适当的难易度，巩固学生的基本功，使教学内容成为一个可伸缩的，知识性、趣味性并重的系统。此外，英语口语教学也是拓宽知识、了解世界文化的素质教育过程，兼有工具性和人文性。因此，设计英语口语课程时应充分考虑学生的文化素质和国际文化知识的传授以及听说能力培养的要求，给予足够的学时，鼓励使用先进的信息技术，开发建设网络课程，为学生提供良好的语言听说环境与条件。根据学校的实际情况，按照教学大纲的要求和本校的教学目标和教学特色将课堂教学与第二英语课堂相结合，确保不同层次的学生在英语应用能力方面得到充分的训练和提高。无论是第二英语课堂，还是主要基于课堂教学的课程，其设置都要考虑不同起点的学生，从提高学习兴趣的角度出发，激发学习动机，从而能大胆开口说英语。

（二）当代英语口语教学的模式特点

当代英语口语教学不同于一般的知识传授过程，教学模式需要更多地体现英语教学的实用性、知识性和趣味性，有利于调动教师和学生双方的积极性，尤其要体现学生在教学过程中的主体地位和教师在教学过程中的辅导作用。教师可以根据不同活动内容的需要，灵活多样地选择最恰当的教具和最直观有效的教学手段，激发学生的学习兴趣，提高学习的积极性和主动性。教师可以根据学校的条件和学生的口语水平，充分利用网络环境，直接在网上进行听说教学和训练。网络教学系统能随时记录、了解、检测学生的学习情况以及教师的教学与辅导情况，充分体现英语教学的互动性。与其他教学模式相比较，口语教学的教学手段和教学方法的选择是否成功极大地影响着口语教学活动中学生互动性的实现程度，进而影响英语教学效果的好坏。

（三）当代英语口语教学的评估特点

教学评估是当代英语口语教学的一个重要环节。全面客观、科学准确的评估体系对于实现教学目标至关重要，它既是教师获取教学反馈信息、改进教学管理、保证教学质量的重要依据，又是学生调整学习策略、改进学习方法、提高学习效率和取得良好学习效果的有效手段。对学生学习的评估可分为两种：一种是形成性评估；另一种是总结性评估。无论采用哪种形式，英语口语教学的评估都是考核学生实际使用英语语言进行交际的能力。其中，学生口语表达的准确性和流利程度是衡量口语教学效果的重要指标之一。英语口语教学的主要内容是语音教学，自然规范的语音、语调将为有效而流利的口语交际打下良好的基础。尤其是在高校口语教学过程中，教师重视发音的准确性，而不过分强调流利程度有助于学生培养良好的语言习惯。英语口语教学是通过对学生语音、语调、语速的准确性和流利程度来进行的。

二、当代英语口语教学的重要性

随着经济的迅速发展，我国承办的国际活动日益增多，与其他国家的科技、文化交流日渐频繁，社会对高水平口语人才的需求量也随之增大。因此，改进传统的教学模式，提高学生的英语口语能力势在必行。“口语能力的培养是大学英语教学的一个重要任务，也是当前大学英语教学中的一个薄弱环节，在口语教学中，应树立以学生为中心的理念，开展有计划的语音训练，创造语言环境，实施形成性评价等教学改革，提高学生的口语能力。”[①] 掌握实用的英语口语知识，对于提高学生的交际素质，增强竞争力十分有益，口语学习将会成为未来的一种学习趋势。

第一，口语教学可以促进学生听力和思维能力的发展。教师范读或播放课

① 李滨 . 谈大学英语口语教学 [J]. 东京文学，2012（5）：321.

文录音，能使学生保持高度的注意力，唤起他们的感知和想象，这些具体的形象既能帮助学生增强对词汇和语言结构的记忆，又能增强学生的语感。学生示范口语可以用于新课之始，也可在熟悉新词语之后进行。

第二，口语教学能够帮助学生丰富词汇量。孤立的单词不容易记，而语句、文章是有情节的，词放在句子里，联系上下文更便于识记。学生经常练习口语，接触到的生词、句式日益增多，这对学生灵活运用常用词以及短语十分有益。英语表达能力强的学生都善于口语，通过口语积累词汇。

第三，口语教学训练有助于培养学生的语感。学习语言就必须培养语感，语感对学好一门语言起到了很重要的作用。语感强调通过对语言文字的直觉感受，最终达到语言文字快速领悟的境界，是构成一个人英语素质的核心因素。而语感是由后天的培养而产生起来的，在言语实践中，听觉、视觉等各种感官通过与语言材料的接触中，不断积累语言知识，体会出其语音、语义、语调及语气，日积月累，便逐渐培养了对语言的感知。

第三节 高校英语口语的课堂教学体系解读

一、高校英语口语课堂教学的理论体系

（一）英语口语教学的心理过程

口语表达在听、说、读、写四项技能中属于产出性技能，是一种积极主动地表达思想的心理过程。言语产生包括两个主要的阶段：制订计划和执行计划。说话人首先根据交际的目的制订说什么的计划，然后再执行所制订的计划。但是这两个阶段并不是截然分开的，在口语表达的过程中，说话者往往是先制订计划，然后在执行计划的同时制订新的计划。

1. 制订教学计划

口语表达是一种目的性很强的活动，说话者总是要为了实现一定的交际目的，如获取信息、作出指令、提出要求、保持社会关系等，针对其具体的交际目的，说话者对所要使用的语言手段制订计划。

（1）在制订计划的过程中，说话者需要考虑以下因素：

①对听话人的了解。说话人需要根据他对听话人的了解以及他与听话人之间的关系确定使用哪一种语体。与关系密切的人讲话和与陌生人讲话所采用的语体具有很大的差异。在谈话的过程中，有时还涉及第三方，怎样称呼第三方，也需要说话人根据他对听话人的了解而确定。

②合作原则。说话人期望听话人相信他们是遵循合作原则的，即会提供足够的信息，所说的话是真实的、与主题相关的，而且表达是清楚的。有意违反某一条准则，就会有别的说话意图。

③社会语境。听话人在不同的语境中以不同的身份出现，说话人会根据听话人身份的不同使用不同的语体。例如，两个人是好朋友，在单位又是上下级关系，那么他们在工作期间谈话所使用的语体往往要比下班后的谈话正式得多。另外，在不同的社会语境中，说话人也会根据环境的不同，例如在家里、在办公室或在学校等，选择不同的语体。“实景实践中学习者扮演不同角色，沉浸于意义建构的操练之中；明确指导指教师直接引导学生用元语言描述意义、规律，以产生系统的理解，教师指导起支架作用；批评框定使学习者将实景实践中获得的经验或明确指导中学到的知识与现有知识体系相联系，批判性地理解交流；转换实践中学生把设计原则应用于真实语境，产生新的意义。”①

④供说话人使用的语言手段。有很多要表达的内容没有现成的说法，这就需要运用各种语言手段和非语言手段等把它们表达出来。另外，不同的交际方式也会影响到语言手段的使用。

（2）制订计划可以在不同的层面上进行。根据语言的结构，计划的制订可以在语段计划和句子计划层面上进行。

①语段计划。说话人必须确定他要参加什么样的话语活动，如讲故事、和别人对话、描述一个事件、争论一个观点等，不同的语篇具有不同的结构。一个故事需要包括时间、地点、人物、情节等不同的要素。而会话型的语篇需要解决参与会话的人怎样使他们的话语相互配合，以达到交际的目的。会话的过程涉及怎样开始一段会话，怎样进行讲话，怎样结束一段会话。要开始一段会话，

① 朱敏华，严敏芬 . 多元识读背景下的英语课程设计研究 [J]. 中国教育学刊，2015（8）：80.

讲话人必须首先要引起听话人的注意，并表达要进行会话的意图，从而构成一个召唤—回答序列。在这个序列里，教师可以提出会话的题目，要结束一段会话，情况会比较复杂。说话者如果需要描述景物，就要解决以下问题：①在何种层面上进行描述，如可以先说 It’s a very beautiful place；②对具体的景物细节进行描述，包含在一个主题下的内容很多，讲话人还要确定哪些内容应该包括在描述的范围之内；③内容确定之后，还要确定描述的次序，是由大到小，还是由小到大，是由左到右，还由右到左，是由远及近，还是由近及远；④讲话人还要确定被描述的各个部分是如何发生关系的。

不论是会话型还是独白型的语篇，语篇的结构都包括两种：一种是层次的结构，说话人必须根据说话的意图决定是从何时开始、如何进行、应该重点突出哪些方面、在何时结束等；另一种是局部的结构，说话人必须根据整体的层次结构，对句子进行计划，因为该怎样说往往是根据对方的语言来确定的。

②句子计划。在制订句子的计划时，说话人需要考虑三个方面的问题：命题内容、言语行为和主题结构。命题是意义单位，反映了说话人要表达的思想，是句子计划的核心。有时一个句子只包含一个命题，如，He is having lunch；有时一个句子会包含多个命题，如，The beautiful lady，killed her cruel husband，这个句子包含三个命题：

a.The lady is beautiful.

b.Her husband is cruel.

c.The lady killed her husband.

2. 确定言语行为

在确定命题之后，讲话者还要考虑这个命题的作用。“他很胖”是一个命题，但是可以用来实现不同的言语行为，如他很胖，表示判断，描述，提供信息；他很胖吗，表示询问，获得信息他很胖啊。选择言语行为对语言交际而言至关重要，这在很大程度上取决于讲话人要实现的交际目的。同一个言语行为还可以用不同的表达方法来实现。以上述命题为例，如果要询问，向别人获取信息，可以有多种不同的表达方法：他很胖吗？请告诉我，他是不是很胖？因此，在制订句子的计划时，说话人需要考虑采用何种言语行为以及用怎样的方式来实现这一言语行为。

3. 执行言语计划

在计划确定后，语言的产生就进入了执行计划阶段，讲话人会根据前面的计划，通过发音器官发出表示句子和语篇内容的声音。从表面而言，执行计划无非就是将言语计划诉诸实施，似乎非常简单。其实不然，言语计划的执行要比我们想象的要复杂得多。因为人们在执行计划前往往不只是把言语计划全部都制订好，还需要根据计划编制一个发音程序，储存在记忆里，让控制发音器官的肌肉按部就班地活动，才能发出预期的声音。言语的产生涉及人脑怎样指挥发音器官的肌肉去发出有意义的声音，发音程序是在不同的层面上计划和形成的，具体表现在以下四个方面：

（1）发音程序的单位可能是语音的区分性特征、音节、音段、单词以及更大的句子成分。

（2）发音程序的重要步骤：第一，选择意义，决定所采用的句子成分应当具有的意义；第二，选择句子的轮廓，对句子的形式和句子的重音作出规定；第三，选择实义词并放入句型里面；第四，构成词缀和功能词。实义词决定之后就要提出功能词的语音形式，提出前缀和后缀；第五，音段的具体化，逐个音节地把音段完全实现。

（3）言语计划的执行是在一定时间内进行的，因此发音程序不但要规定音段和音段的次序，还要规定他们的时间和节奏。英语是一种节奏感很强的语言，重读的作用十分明显。此外，人们讲话太快时，就必须决定哪些音段应保留，哪些应省略。

（4）最后一步是把发音程序付诸实施。发音程序是边编制边储存在记忆里，一旦程序编制完成，大脑就根据程序对发音器官发出指令，规定发音器官应该放在什么位置，怎样协调行动，才能发出某个音段。

（二）影响英语口语的因素

1. 语言因素

语言是由词汇、语音、短语、句子和语篇构成的，足够的语言知识是口语表达的基础，尤其是要掌握一些常用的习语和句型。每种语言都有一定数量的习语和基本句型，它们往往是一些常用的具有特定意义的句子、短语甚至单词，学习者要对它们熟记，而不必进行语法分析，这样可以在使用的时候非常便捷，提高口语的流利程度。

2. 心理因素

口语表达是一个非常复杂的心理过程，要想使这一过程顺利高效地完成，需要讲话者处于轻松的、精力集中的心理状况下。紧张、恐惧、焦虑等不良情绪都会影响到口语产生过程的正常进行。

3. 背景知识因素

背景知识会影响到学生的口语表达，口语交际要做到言之有物，要求学生具备相关的知识。要想具备良好的口语能力，学生除了心理因素和背景知识方面的内容之外，还需要具备两方面的知识，主要表现在：第一，语言结构知识，包括语音、词汇和语法，学生能够使用正确的单词，按照正确的次序排列，并发出正确的读音；第二，功能，包括信息的传递与互动，学生能够知道什么时候表达清楚的信息，何时不需精确地理解全部信息。

4. 文化因素

语言是交际的工具，同时语言的使用也是一种社会的规约，在不同的文化中，人们在何时、何地、向谁、采取何种方式、讲哪些内容的话都有固定的规则习惯，学生需要学习并掌握这些规则才能有效地使用语言进行交际。

（三）英语口语的会话结构

口语表达能力主要指参与会话的能力，因此，会话结构分析对于口语教学具有重要的指导意义。对于会话结构的研究可以从两个方面入手：第一，从整体上而言，一个完整的会话过程是怎样构成的，即会话怎样发展的，这是对会话整体结构的研究；第二，研究会话的局部结构，一次会话活动是由参加者一次接一次的发言所构成的，一个参加者的发言和另一个参加者的发言之间有何种联系，如何构成连贯的话语，这是会话的局部结构所要解决的问题。

1. 预示语列结构

会话是一种最基本的语言使用方式，任何会话都要实现一定的交际功能，以言行事，如邀请、请求、宣告等。在此之前，讲话者先用某些话语进行探听，看是否可向对方实施某一言语行为。讲话者所讲的这些话就是预示语列，主要包含以下方面：

（1）请求前语列。例如：

A：Do you have the blackberry jam？

B：Yes.

A：Okay.Can I have half a pint then？

B：Sure.

（2）邀请前语列。例如：

A：What are you doing？

B：Nothing.

A：Want to play chess？

B：Sure.Why not？

2. 话轮转换结构

会话的特点就是两个或两个以上的人在一起轮番说话，A 先说，说完后 B 接着说。会话中，每个人一次说的话，称为一个话轮。话轮单位的特征是能够预测它的终结位置，并且能够在单位以内具体表明终结时邀请哪一个人接着说话。选择一个说话者的具体方法包括：第一，提问加称呼语，如“What happened，Tony？”“Tony，tell us what happened.”；第二，陈述句尾加称呼语，如“But，Tony，what you said is not right.”；第三，各种证实听到和理解的话语，如“Who？ You did what？”“Pardon？”等。

话轮转换的规则可以简要地概述为：第一，如果 C 在当时的话轮中选择 D，那么 C 必须停止说话，而 D 必须接着说；第二，如果 C 没有选择 D，那么会话中 C 以外的其他参加者都可以自我选择，谁先说话，谁就占据了下一个话轮的机会；第三，如果 C 没有选择 D，也没有其他参加者做自我选择，那么 C 可以继续说话。

3. 英语口语的总体结构

英语口语应有一个总体结构，用于不同目的、不同环境下的会话会呈现出不同模式。例如，打电话时总是首先以开场白作为开始，其次是一个或者几个话题的对答，最后以交换告别语而收尾。告别语和预示收尾的词语使收尾显得自然协调。

（四）英语口语的语言体现

语言有口语和书面语两种表现形式，口语是语言存在的最基本形式，是第一性的，也是语言最活跃、最富有生命力的表现形式。口语与书面语之间具有许多共同之处，这些特点在语音、词汇、句法、语篇等各个层次均有所体现。英语口语的主要特点表现在它是有声的，主要作用于人的听觉系统，依靠语音的变化来表达意义，口语的节奏、重音、语速、语调等都可以表达丰富的意义。一个句子中一般有一个和多个调核，调核就是指一个语调组中说话者所要表达的最重要单词的重读音节，一般充当句子的信息中心。调核位置的调整是一种常用的有效表达感情意义的手段。

二、高校英语口语课堂教学的多元评价体系

（一）高校英语口语课堂多元评价体系的理论基础

多元评价体系以多元智能理论为基础，人类的思维和认知都是多元的，并且具有多元智能，在这些智能上的表现也有着很大的差异，既有优势智能也有弱势智能，人类把这些智能结合起来就能解决不同的问题，完成不同的任务。在此理论的基础上，英语口语教学过程中对学生进行评价时，应实施多元评价即根据高校英语口语教学的要求和目标，结合新的教学模式，确定多元化评价的主体、方式、内容和标准，同时，评价过程中应该考虑不同学生之间的差异。建构主义理论也对多元评价体系具有重要影响，在课堂教学过程中，学生应该主动构建知识意义而不是被动接受外部刺激，教师应该帮助学生建构知识意义。教师在评价学生表现的同时，学生也应该自评，学生通过自我评价反思自己的学习，进而调整自己的学习方法，以达到教学大纲中的学习目标。

（二）高校英语口语教学多元评价体系的运用

多元智能理论和建构主义理论与英语口语教学的目标和要求都说明教师不能只是通过口语测试评价口语教学，而应该多角度地考虑如何建构高校英语口语课堂教学多元评价体系。多元评价注重在评价主体、评价方式、评价内容和评价标准方面实行多元化。

第一，多元化的评价主体。评价主体不仅是教师，还应该让学生积极参与，学生自评、学生之间互评，以使评价的结果更加公正客观。教师的评价可以了

解学生的英语口语学习状态，学习内容掌握情况，学习任务完成情况及存在的问题。通过学生自评使学生主动参与，由被评价转为积极评价的主体，增强学生的自我监控、回顾及反思能力，激励学生积极主动地进行英语口语自主学习。学生互评则可以培养学生相互沟通相互借鉴，进行交流，其他学生根据评分标准对这名学生的表现作出评定，打出分数，教师可参考学生的打分得出最终学生的表现成绩。

第二，多元化的评价方式。教师应当采取的综合评价方式，即形成性评价和终结性评价相结合。形成性评价重视学生学习过程，是对其进行的实时性动态评价；终结性评价以测试成绩作为评价结果，是对学生学习的结果进行的最终判定性静态评价。

英语读写与听说紧密相连，在常规的读写教学中不可避免地会为学生训练口语设计英语口语活动。在课堂中根据所教内容提出讨论话题，进行分组话题讨论，围绕主题学生用英语进行交流，教师既可以考察学生的口语表达能力，又能了解学生的知识基础；英语辩论活动可以了解学生的英语思维能力、知识面及反应能力，当然还包括学生在交际中的口语表达能力。在这些活动中教师通过观察、分析学生的课堂参与度及在英语口语方面的优点和弱点，记录学生的课堂表现情况，并结合自评和互评，将其作为学生平时成绩的重要组成部分，为学期末的总评提供材料，并以此为依据进行设计调整常规课堂教学及评价。

第三，多元化的评价内容。多元智能理论要求对学生进行评价时评价内容不仅要注重学生对口语知识的掌握程度，学生的发音是否标准，对话是否流利，还应该对学生进行综合能力的全面评价，如评价他们的口语表达、人际交往和与他人协作的能力，评价他们的学习态度、习惯、自主能力等方面，评价他们与前期对比的进步情况。教师在设计评价活动时，应将多元的评价引入到评价活动中来，使英语口语课变得生动有趣，学生能够有信心完成任务，以达到全面综合评价学生各方面发展真实情况的目的。评价形式不一定全是严肃的口语测试，也可以通过生动活泼的英语活动判断学生的口语情况，评价学生的言语及人际交往能力。

第四，多元化的评价标准。不同学生的英语口语基础有很大的差异，进步的空间及潜能也有所不同，如果口语教学中评价标准太过单一，并不能客观地评价学生的表现。英语口语多元化评价则采取多种评价标准对不同层次不同水平的学生进行检测，使不同水平的学生得到锻炼英语口语的机会，促进学生英语水平的逐步提高。在英语口语课堂教学中，教师可对英语口语水平较高的学生使用综合发展评价，开发学生的英语口语潜能，使他们意识到自己的优势，努力挖掘自己的潜能，及时调整学习策略，提高自己的口语水平；对英语口语水平中等的学生以评价学生是否完成教学目标为评价准则，了解自己的差距，努力提高自己以达到或者超过教学大纲中设定的基本的教学目标；对英语口语水平较差的学生可以针对他们不同阶段的学习状况进行纵向比较评价，当他们取得进步时及时给予肯定，使他们树立自信心，祛除自卑感，激发学习热情。

教学评价是教学中的一个重要组成部分，对教学过程具有重要的促进作用。高校英语口语课堂教学多元评价体系是口语教学中评价主体、内容、方式、标准多元化，与原有的单一的评价相比，对于学生英语口语的评价信度、效度都有了提高，提倡和鼓励学生进行合作性、探究性的学习，同时有助于教师在以后的高校英语口语课堂教学中进行针对性的教学。

第四节　应用语言学视域下的英语口语教学策略

一、英语口语跨文化教学策略

（一）英语口语跨文化教学原则

1. 互动原则

在英语口语教学中，口语练习是一个重要的组成部分，它需要教师耐心的指导和教授，还需要学生付出较多的时间以及学习精力来学习和练习。众所周知，学生的英语口语练习本来就是一件比较单调和枯燥的活动，这时候如果学生没有适合练习英语口语的环境，学生就很有可能会放弃学习英语口语。由此可见，在英语口语的教学中，教师为学生创设一定的口语练习环境至关重要，这也要求在英语口语教学中要坚持互动的原则，让学生都能够在互动的过程中学习和练习英语口语，提升学生兴趣的同时激发学生的热情，从而提升每个学生的英语口语表达技巧。

2. 先听后说原则

在英语的表达中，学生听英语和开口说英语这二者之间有紧密的联系，它们二者互为基础。实际上，在实际的英语口语对话和交流中，交际双方都必须先听取对方的讲话内容，才可以进一步继续回答对方的问题，用英语口语表达自己的思想和看法等。因而，在跨文化交际中，交际者需要遵循先听后说的原则，从而促进交际的顺利开展。

3. 科学纠错原则

在高校英语口语教学中，学生出现口语错误是非常常见的现象，教师应采取正确的态度来分析和看待这件事情。在高校具体的英语口语教学实践中，当学生在训练英语口语时，教师可以认真地倾听学生的训练过程，对于英语对话或者交际中出现的不太重要的英语口语问题，教师可以适当地忽略不计，只要学生的英语口语训练没有实质性的大错误，教师就不要频繁地打断学生的练习，教师频繁打断不仅会扰乱学生的思路，还会打击学生的自信心。教师正确的做法应该是，在学生完成相应的练习之后，在所有学生面前统一指出学生英语口语练习中常见的错误以及注意事项，从而避免学生在接下来的练习和实际应用中重复犯错。

4. 循序渐进原则

英语口语的练习和掌握是一个长期的过程，需要学习者在练习的过程中遵循循序渐进的原则，从而由浅入深地学习和掌握英语口语的相关知识和技能。来自不同地区的大学生往往会使用不同的方言，这些学生在学习英语口语时一定要适当克服方言发音对英语口语发音的影响，从而使自己的英语口语发音更加准确、合理。此外，在具体的教学计划安排中，学校的相关管理人员以及教师等也需要遵循循序渐进的原则来开展各项英语口语教学工作，教师制订的教学目标不能太高，否则就会给学生造成较大的心理压力，使学生在学习英语口语时始终压力重重，体会不到学习的乐趣；教师制订的教学目标也不能太低，否则也难以激发学生的学习积极性。

（二）英语口语跨文化教学方法

1. 文化植入教学法

如果只是单独地开设一门文化相关的课程，由于文化内容往往庞杂会使很多学生提不起兴趣。在实际的英语教学中植入一定的文化则会带来比较好的效果，它不仅能够恰当地吸引学生的注意力，同时能够加深学生的理解，使学生在掌握背景文化知识的同时学好英语口语知识和技能。

（1）文化植入的原则，主要包括：第一，适当原则。在实际的英语口语教学中，英语教师在植入文化时也要遵循适当的原则，即教师要充分考虑学生的年龄层次、兴趣以及学生的实际学习情况等，从而通过文化植入来提升学生的英语口语技能。所以，英语教师在植入文化时一定要准确地把握适当的原则。第二，在精不在多原则。在具体的英语口语训练中，教师一定要选择适合的机会和节奏来植入文化，不要求教师要植入大量的文化，但是教师植入的文化一定要注重质量，要找准“切入点”，从而激发学生对英语口语的学习兴趣，使每个学生都愿意开口主动练习英语口语。第三，服务于口语教学原则。在实际的高校英语口语教学中，教师进行文化植入的目的性非常明确，那就是要服务于英语的口语教学，提升学生的英语口语水平，因而文化植入还要遵循“服务英语口语教学”的原则。

（2）文化植入的方式。对于教师而言，在教学的时候就应该采用比较合适的方式，将这些内容融入教学中，让它能为口语教学服务，同时需要注意的是不能喧宾夺主，而是应该起到潜移默化的效果，可以采用直接呈现和间接呈现的植入方式。在教学的时候不可避免地会遇到许多与文化有关的主题，教师就可以将这些内容更为直观地呈现给学生，引导学生深入理解此类文化主题。教师可以灵活选择教学手段导入教学内容。例如，教师的讲授与建筑物有关，那么在课堂上就可以多一些建筑物的表达呈现方式，教师可借助多媒体，将不同时代的建筑播放给学生看，直观的视觉作用就会让学生对这些不同的建筑有更深刻的理解。

在教学的时候教师也应该掌握教学的不同表达方式，让学生能对所学习的内容进行实际操练。在表达的时候，学生对这些知识的印象就会更为深刻。除了直接呈现的方式，教师还可以根据不同学生的情况采取间接呈现的方式，逐步将与文化相关的内容融入教学活动中。一般而言，教师可以设计一些比较有趣的英文选择题，可以让学生进行抢答，这样显然可以提高课堂效率，让学生以更为饱满的热情投入学习中，学生在锻炼的过程中能逐步提高自己的口语交际能力，并拓宽自己的知识面。

2. 文化渗透教学法

在英语口语教学中，文化植入与文化渗透之间有一定的共同点，教师需要在教学中导入一定的文化因素。在具体的口语教学过程中，教师也可以通过文化渗透的方式逐步提高学生的口语表达能力，一般而言，教师可以采取以下方式:

（1）文化对比法。在具体的口语教学实践中，教师可以将两种文化进行对比，帮助学生了解不同文化之间的差异，从而逐步培养他们的跨文化意识。在教学的初始阶段，教师可以将文化差异讲解给学生听，在交流的过程中，也应该点明那些易犯的错误，错误的产生与文化差异的存在密切相关，在反复的理解过程中，学生就能对文化差异有更为深刻的认知，并在之后的交流中注意克服。除此之外，教师可以通过分析不同文化之间的差异，让学生更尊重不同地区的文化，这样也可以逐步提高他们分析与处理文化的能力。很显然，文化对比是一种非常有效的教学方法。

（2）教师引导法。在与学生的交流过程中，教师应该对学生进行有效引导，如果学生产生了交际障碍，教师就应该积极对学生进行启发，这样不仅尊重学生，还能让学生感受到文化知识的熏陶，从而不断激发他们的语言学习思维。交际能力是指学生在英语学习中不仅要学习和掌握正确的英语语法规则等知识，还要能够在具体的地点、面对不同的交际对象而使用恰当合理的语句进行交际和对话。换言之，对于学生而言，学生学习一门语言，不仅要掌握其语法规则等重要知识点，还要学习在适合的时机运用这门语言。一般认为，交际能力主要包括四种不同的能力：第一种是语言能力；第二种是社会语言能力；第三种是语篇能力；第四种是策略能力。这四种能力对于学生而言都是十分重要的，需要学生在学习语言时不断提升各方面的能力，从而使学生通过英语听力的教学最终提升其实际的交际能力。

在高校英语教学实践中，英语听力教学是一项重要的教学内容，对于学生而言，他们在交际中首先就是需要听得懂对方的交际内容，接着他们才能够进一步交流。英语听力教学可以大幅度提升学生的英语学习兴趣，其具体表现在：第一，为学生的英语学习呈现新的信息；第二，帮助学生整合学习的新知识和旧知识；第三，促进学生使用已经习得的知识并合理评价习得的知识情况；第四，促进学生把英语听力技能和其他技能进行结合。此外，需要强调的是，英语听力教学非常重要，是人们交际的重要基础，然而大学生英语听力的提高是一项长期而艰巨的教学任务，它不是一朝一夕就能够完成的，其需要教师和学生付出长期的努力才能够实现。

教学活动是一项复杂的活动，它的活动主体主要是教师和学生。在高校的英语教学实践中，教师和学生都发挥着重要的作用。从教师的角度进行分析，教师是学生英语学习的重要指导者和辅助者；从学生的角度进行分析，学生才是英语学习的主体，学生通常在教师的指导下开展英语的学习活动，在自己的头脑中构建知识。因而，英语教学过程不仅能够促进教师的发展，也能够促进学生的成长和发展。在实际的教学中，不管是教师的教学过程，还是学生的学习过程，师生需要面临的一个共同问题就是如何激发学生的英语学习兴趣，从而使学生主动地学习英语，尤其在英语听力教学中，教师更要创设更多的条件来激发学生的英语听力学习兴趣。

二、英语口语任务型教学策略

任务型教学法也是英语口语教学中的重要方法，它是以学生为中心，以小组合作学习为主要学习形式，以学生完成任务为目标的一种教学法。任务型教学法以任务为导向引导学生参与教学活动，可以有效调动学生的积极性，增强学生的合作竞争意识。具体而言，英语口语教学中的任务型教学法主要包含以下四个步骤：

第一，呈现任务。呈现任务的阶段就是帮助学生进行语言和知识上的准备工作。呈现任务时，教师要根据先输入、后输出的原则，结合学生的实际生活和学习经验，创设与学生学习或生活相关的情境，激发学生的学习兴趣。此外，教师还要为学生提供与话题有关的环境及思维的方向，以加强新旧知识之间的连接，使学生在巩固旧知识的同时，掌握新知识。教师呈现任务的方式灵活多样，如图片、投影仪、多媒体等，只要能真实有效，能够促进学生语言输出即可。

第二，实施任务。实施任务是任务型教学法最为重要的一个阶段。学生在接到任务以后可以采取多种方式实施任务，如小组自由组合的方式。小组自由组合或结对子的方式不仅可以为每个学生的口语表达提供练习机会，还有助于培养学生合作互助的意识，增进学习的效果。此外，实施任务时，教师也可以通过设计多个小任务构成任务链的方式进行。在实施任务阶段中，教师的主要任务是监督和指导学生的活动，保证活动顺利有效地开展。

第三，汇报任务。学生完成任务以后，教师可要求各小组派代表或者小组内部推选代表向全班汇报任务成果。当学生汇报任务时，教师应注意不要打断学生的表达，在学生需要帮助的时候适当给予指导尽量使学生的汇报流畅、自然、准确。

第四，评价任务。任务汇报结束后，教师和同学们要一起对任务进行评价，分别指出各个小组的优点和不足。例如，对学生的语音、语法、流利程度等方面作出评价，评价时要讲究一定的策略。

总而言之，语言学习离不开语言环境，教师在平时的教学活动中应坚持用全英语组织课堂教学活动，创造有利于英语学习的语言氛围，让学生在英语语言氛围中形成良好的学习习惯，逐渐培养他们对语言的感悟能力。

第四章　应用语言学视域下的当代英语阅读教学

第一节　英语阅读教学的性质、模式与原则

一、英语阅读教学的性质

阅读的心理机制主要包含由文字到语音再到意义，由声读到直接理解，视觉信息与非视觉信息联合并用，下面进行具体分析。

（一）由文字到语音再到语义

在阅读能力发展的早期，人们都会经历一系列的过程。首先，由眼睛看到文字，在人脑中会形成视觉影像；其次，引起高级神经的活动，进而产生语音，并伴随着听觉活动；最后，产生被理解和接受的意义。与汉语不同，英语的形音联系紧密，因此从文字到语音再到意义这一过程的分离情况也是非常明显的。正是由于这一情况，致使从字母到拼写这一传统的教学模式成了一种固有的习惯。一般情况下，字母是没有意义的。如果读仅仅是靠从一个字母到下一个字母的读，那么这个读就是没有意义的读。从文字到语音再到语义的阅读单位可能是单词也可能是词组或者短句，但是句子单位的阅读会受到发音动作的影响，因此，一般速度不是很快。

（二）视觉信息与非视觉信息的结合

在读的过程中，不仅视觉信息会起作用，非视觉信息也会起到一定的作用，其中视觉信息是用眼睛来感知文本信息；而非视觉信息是起潜在作用，由大脑提供的，它主要包含阅读者全部知识的总和，即文化背景知识、生活经历、逻

辑常识、知识修养等。人们之所以能够一看到文本就能理解其意义，主要是因为视觉信息和非视觉信息联合作用的结果。非视觉信息是对视觉信息的加工。在非视觉信息中，最重要的是文化背景知识。尽管阅读中学生会遇到新的单词和语法知识，但是由于有充足的文化知识，他们也可以顺利地完成阅读。非视觉信息的重要意义在某种程度上否定了阅读只是同文字打交道，从而借助视觉进行活动的看法。因此，在训练阅读的时候，应该将大脑训练置于眼睛训练之上，培养学生从意义和理解上驾驭文字的能力。

二、英语阅读教学的模式

（一）自下而上阅读模式

自下而上的阅读模式是一种传统的阅读理解理论，起源于19世纪中期。阅读活动是从因素、字母、音节等最小的语言单位开始的，先理解这些语言单位，然后理解单词、句子，最后理解段落、篇章，整个过程是一个由低到高、自下而上的理解过程，是从文字符号到文字意义的加工过程。自下而上的阅读模式是从字词的解码（decode）开始，一直到获取文本的意义为止。阅读过程是一个从左向右对字母—词—句子—语篇的有组织、有层次性、自下而上的理解过程。对字母的识别是对篇章理解的基础，对词的理解能够促进对句子的理解，对句子的理解是进行篇章理解的重要条件。因此，在这种模式下，学生要想理解语篇，需要具备一定的语言知识。自下而上的阅读模式强调语篇本身的作用，学生所遇到的问题是语言知识层面的问题，学生对于单词、句子结构等的不熟知是影响阅读理解的重要因素。

传统的英语阅读教学受到自下而上模式的影响，教师对于阅读教学的安排是按照句子—语篇的顺序进行，由低到高、由简到繁进行教学信息的处理。在这种模式下，英语阅读教学的主要任务是提高学生的语言知识能力。自下而上的阅读教学模式带有自身的局限性，这种教学模式虽然说明了信息加工中线性模式对于阅读研究的影响作用，但是却忽视了阅读过程中各种信息间的相互作用。

（二）自上而下阅读模式

自上而下阅读模式是在认知心理学的影响下发展起来的，最早出现于20世纪 60 年代后期。阅读始于学生对文章的预测。阅读理解的成功与否很大程度上取决于学生的预测能力。而影响预测能力的关键因素就是学生自身已经具有的语言知识和有关阅读材料的背景知识。预测完毕后，学生会从文章中节选部分语言片段验证预测，抽样的范围涉及字形读音、语法和语义三个方面，其中，字形读音信息取自书面符号，语法和语义信息要靠学生的语言能力。此外，学生的句法、语义知识层次越高，其抽样的选择性越强。抽样验证之后，学生就会发现自己的预测是否符合阅读材料。若抽样证实了预测，学生就会做进一步的预测，否则将会根据抽样信息对预测进行修改。

学生在阅读中应该处理好三个方面的能力：第一，概念能力，读者能够将零散的阅读进行汇编与集合，从而形成概念的能力；第二，背景知识能力，读者已经具备的常识知识以及对某一领域或话题的知识；第三，处理决策能力，这种能力在整个阅读过程中都有体现，具体包括阅读技能（如略读、寻读、查读等）、句法知识、语义知识、篇章结构知识。在阅读过程中，读者的这三个方面能力是相互作用的，需要其使用逻辑思维能力进行文字的理解。自上而下的阅读模式认为读者并不是被动接受文字意义，而是依据自身的知识进行主动的意义理解与建构。因此，自上而下模式是一种读者驱动的阅读模式。

三、当代英语阅读教学的原则

第一，注重做事原则。在当代英语阅读教学过程中，教师应该重视做事过程。在具体的任务设计中，教师应该多布置一些动手动脑的任务，并鼓励学生通过手脑结合来完成具体的任务。实际上，学生做任务的过程就是做事的过程，具体到阅读教学中，就是用阅读完成事情的过程。在这一过程中，学生不仅要对问题进行思考、分析，还要寻找各种方法解决问题。此外，教师还应该引导学生具体问题具体分析，不同的问题有不同的阅读技巧，从而选择科学、合理的方式来解决具体的阅读问题，最终在认真做事过程中完成阅读任务。在阅读的过程中，学生可以思考问题、分析问题、解决问题，从而使自己的阅读知识更加丰富，使自己的阅读体系更加健全。

第二，可操作性原则。在英语阅读教学过程中，还应该注重任务的可操作性。如果任务或教学活动设计得过于复杂或过于难，就不利于学生顺利完成任务。

同时，在设计教学活动或教学任务过程中，教学道具、教学内容、教学时间等都应该合理安排，既能够满足教学需要，又能够将教学的内容和意义表达出来。此外，有一些教学活动或教学任务有时间的限制，要想在注重可操作性的基础上，教师在设计教学活动和任务的过程中应该充分考虑多种因素，应该将课堂教学与课后练习相结合，同时还可以借助一些道具或利用一些信息化教学手段来进行设计，进而鼓励学生积极主动地完成任务。除此之外，为了增加任务的可操作性，在设计教学活动和教学任务的过程中，教师应该使任务设计的内容更加简明扼要，可以将任务做成能够修改的方式，还可以对任务中的内容进行重复运用。

第三，弹性模式原则。在英语阅读教学过程中，教师还应该重视弹性模式。换言之，在设计教学任务和教学活动过程中，教师应该结合具体问题进行具体分析，不能将阅读任务设计成固定的模式，应该将弹性模式融入具体的教学中，只有这样才能提升阅读教学的效果。

第二节　当代英语阅读的教学特点与重要性

一、当代英语阅读教学的特点

（一）当代英语阅读教学内容的特点

“随着英语在实际生活工作中的应用，更多英语教育者对学生的英语阅读能力越来越重视，在提升相关能力的同时不仅仅是对语言知识的重视，更是培养学生充分理解文化背景的相关知识。”①从对大学英语教材的把握而言，高校英语教材中几乎包括了各种文体，具有多样性和丰富性，具体表现为：第一，文章涉及多个领域，如语言、文学政治、经济、科技等；第二，体裁有说明文、记叙文、议论文；第三，语域的多样性，所选文章既有书面体文章，也有语体口语化乃至俚语化的文章。因此，高校英语阅读教学的内容具有篇幅长、生词多、

① 胡艳．浅析文化背景知识对大学英语阅读教学的影响 [J]. 英语广场（下旬刊），2022（2）：86.

句法多样化、思想较为深入等特点。

（二）当代英语阅读教学方式的特点

高校英语阅读一般分为精读、泛读和略读，具体包含：第一，精读要求学生毫无遗漏地仔细阅读全部语言材料，并获得对整篇文章深刻而全面的理解，在精读课本中，每篇课文后的词汇、语法、句型及注释都应仔细领会；第二，泛读也可称为普通阅读，要求学生读懂全文，对全文的主旨大意、主要思想和次要信息及作者的观点有明确的了解，对全文只做一般性的推理、归纳和总结，无须研究细节问题和探讨语法问题。但要求阅读速度高于精读速度；第三，略读是一种浏览性的阅读，学生以他能力达到的最快速度浏览阅读材料。略读不需通读全文，只跳跃式地读主要部分，主要部分一般指第一段、最后一段及中间衔接段，因为第一段一般为全文概述，最后一段为归纳总结，中间衔接段一般为上下文关系段落或者有递进关系、转折关系、因果关系等。目的是为了获取全文的中心思想和主要内容。一般而言，略读的速度应快于泛读速度。

二、当代英语阅读教学的重要性

阅读是一种交际行为，是人的语言能力和交际能力的融合，是语言学习者需要把握的五项基本技能之一。提高阅读能力是提高听、说、写、译能力的关键。学外语在起始阶段要从听、说入手，起始阶段过后就应听、说、读、写全面发展。到了高级阶段，在听、说、读、写全面发展的同时，要着重发展阅读能力。使学生能以英语为工具，获取专业所需要的信息，提高其综合文化素养，适应我国经济发展和国际交流的需要，是高校英语教学的核心目标。英语阅读教学的重要性主要体现在以下两个方面：

第一，阅读在教学大纲中的目标制定也体现了其重要性。目前，大学英语教学大纲规定：培养学生具有较强的阅读能力，使学生能以英语为工具，获取专业所需的信息，这充分体现了对阅读教学的具体化规定和要求，以及对阅读教学重要性意义的关注。由此可见，学生阅读能力的培养是大学英语教学中的重点，教师应明确大学英语教学大纲，同时要对阅读教学在大学英语教学中的重要地位要有强化性的认识和理解，全面开展大学英语阅读教学实践活动，努力保证大学英语教学通过有效的阅读方法而达到积极效果。依据大学英语教学大纲的规定，制订并细化出具体英语教学目标。目前，阅读教学在高校英语教学中的重要性得到了应有的肯定，在此前提下才有了阅读教学的顺利开展。因此，阅读教学的实效性的具体实现并提升是对阅读教学的重视和有效开展的保证并重的终极结果。

第二，阅读教学是大学英语教学能力提升的关键环节。阅读作为交际行为的特殊形式，融合了语言能力和交际能力。语言知识的运用是获取所需直接知识的必要方法，运用各种阅读技能进行判断、分析、推论并延伸信息，并对这些内容所承载的观点给出评价，这样的过程同时非常具体地呈现出了读者和作者之间的交流方式，达到了交际活动的本质目标。阅读能力的提升顺应了英语教学的发展趋势，对英语教学原则有了客观的把握认知，突出了高校英语教学的重点和对阅读教学的重要地位的认可，为阅读教学的顺利开展提供了有利的条件保障。

第三节　高校英语阅读的课堂教学体系解读

阅读是通过人的视觉感官从书面语言材料中获取知识信息的过程，其目的是正确、有效、快速地理解所读的材料。从心理语言学的角度而言，阅读是由发送者向接受者传递信息的一种交际行为，发送者是指作者及所形成的书面语言材料，而接受者则指阅读这些材料的读者。阅读从识别单词、领悟句意到理解篇章、摄取知识，实际上就是一种提出问题、解决问题的排疑解难的心理思维过程。因此，阅读教学的理论基础涉及语篇的结构、阅读的心理过程以及由此而得出的影响阅读的各种因素。

一、高校英语阅读课堂教学的语篇分析体系

篇章语言学是20世纪50年代才发展起来的一门科学，语篇分析是对比句子更大的语言单位所做的语言分析，目的在于解释人们如何构造和理解各种连贯的语篇。

（一）语篇的衔接

衔接是语篇特征的重要内容，它是通过语法和词汇手段把语篇中的句子或较大的语段的意义紧密联系的现象。英语阅读教学语篇中主要的衔接手段包括参照、替代和省略、连接与词汇照应。

第一，参照。有些语言单位本身不能作出语义解释，需要参照另外的一些单位才能明确它们的意义，这些单位之间就构成参照的关系。从所使用的语言手段而言，参照包括人称、指示和比较三种方式。从语言和非语言因素去分析，参照包括情景参照和语境参照两种。用语言内部的信息可以解释其含义的是语境参照，必须依靠话语所处的客观环境去解释的是情景参照。

第二，替代和省略。一个单位代替另一个单位，就构成替代关系。有些单位被省略，就出现省略关系。替代和省略除了加强语言的结构联系外，还可以使语言富有变化，不枯燥，简洁活泼。

第三，连接。连接成分的衔接作用是间接的，它们本身不能直接影响上一句或者下一句的结构，但是它的具体意义表明必须有其他句子的存在。连接成分表达的是语义上的关系，而不是语法关系。

第四，词汇照应。词汇照应是指通过词汇的选择而产生的照应关系。词汇照应手段主要有重申和搭配两种。重申有重复、同义词或近义词、上下义词、概括词等四种形式。搭配也是实现语篇衔接的重要手段，这里所说的搭配是指词与词之间的一种共现关系。有一些词，意义很不相同，甚至是反义词，但经常出现在同一语境，使它们具有衔接的作用。例如，Mary is a good waitress，but she is a bad daughter. 其中 good 和 bad 是一对反义词，正是通过这一共现关系，使得句子前后衔接起来。

（二）语篇的结构

连贯是英语阅读教学语篇中的语义关联，连贯存在于语篇的底层，通过逻辑推理来达到语义的连接，是一个把语篇联系起来的无形网络。一个语篇往往有一个主题，其中的所有内容都是围绕这一主题展开的，从而通过语义的关联构成一个连贯的语篇。由于语篇的交际功能、语篇的主题和内容、文章的体裁、作者的风格等方面的差异，语篇的结构也多种多样，但是，同一类型的语篇也会呈现出基本相同的结构。完整的语篇通常都有开头、中间、结尾等部分。例如，故事的开头往往对时间、地点、人物等作出交代，中间部分主要描述故事的发展，结尾部分一般要描述人物和事件的结局或者给人的启示；议论性的语篇开头一般提出问题，说明该文要议论的主题，中间部分则对开头所提出的问题进行分析，对论点加以论证，结尾部分则提出解决问题的办法或者得出结论；书信的开头是称呼，中间是正文，结尾则是结束语和落款。在一个语篇的内部，所有的句子都是以线性的方式依次排列起来的，但句子之间是通过不同的关系结构连接起来的，这些关系结构主要包括：顺序、层次、连环和平衡。

二、高校英语阅读课堂教学的图示体系

英语阅读教学图示体系可以分为语言图示和内容图示。语言图示是读者掌握的语言知识以及运用语言的能力，是读者已有的语言知识，即语音、词汇和语法等方面的知识；内容图示是读者对语篇内容的熟悉程度，即狭义的背景知识，它由两个方面的内容构成，关于某种文化或亚文化的生活方式、社会制度等方面的知识。一般而言，读者的背景知识越丰富，就能将越多的注意力集中在高级阶段的信息处理和提出假设上，从而更好地理解文章。充足的背景知识甚至可以对较低的语言水平产生一种补偿效应，背景知识可以在一定程度上弥补语言水平的不足，以保证顺利阅读文章。形式图示是读者对语篇结构的熟悉程度，即语篇知识。以时间顺序为结构的叙述文和单向性结构的描述文比其他结构顺序的课文更容易记忆，这说明对文章结构的了解确实能增加读者对文章内容的吸收，以一般到具体结构的论说文比具体到一般结构的论说文更易于理解。英语阅读教学图示体系的类型多种多样，每个人的大脑中都储存有许许多多的图示。面对具体问题时，图示能够发挥作用来解决问题。图示的启动存在两种情况：一种是自上而下；另一种是自下而上。

概念驱动是一种预期驱动，顶层的图示知识可以用来对读物进行预测。例如，一篇文章或一本书的题目，从表面上而言只不过是字符，但它从心理上唤起了一系列关于该文或该书所述主题的图示知识，从而激活了一系列低层次的图示。而低层次的图示活动又可以引起高层次的图示反应，因为这些较低层次的图示是较高层次图示的一部分，这种自下而上的启动又称为材料驱动，是一个由部分到整体的过程。自上而下和自下而上的启动在各层次同时发生并相互补充，

当文章的信息与读者的图示知识相吻合时，自上而下的概念驱动可促进两者的同化；当文章所提供的信息与读者的心理图示不吻合时，自下而上的材料驱动将发挥作用，帮助读者利用已有的知识，选择合理的解释。与此同时，这两种启动的相互补充作用对于读者的阅读理解有非常重要的意义。读者丰富的图示知识可以弥补其低层次的字面解码能力的不足。英语阅读教学图示体系说明阅读活动是一个不断变化的动态过程，在这个过程中读者已有的图示不断得到补充、调整、修正或否定，从而使其阅读能力不断提高。在阅读教学中应引导学生充分运用已有的图示知识去吸收掌握新的内容，充实、丰富其图示结构，有助于提高学生的理解能力和阅读速度。

第四节　应用语言学视域下的英语阅读教学策略

一、文化差异与英语阅读教学

第一，词汇。词汇是语言系统中的支柱部分，同时也是构成文化信息的基本载体。在阅读时，学生的词汇量显然是一个非常重要的影响因素，助力学生了解词汇的文化内涵能逐步提高英语阅读教学的效果。具体到教学中，教师应该意识到词汇知识的重要性，并让他们逐步了解同样的一个单词在不同的文化语境下所表达的不同意思，这样就可以逐步提高学生的文化意识，从而有助于他们阅读能力的提高。

第二，习语。“英语教学是文化教学与语言教学的结合体，语言习得不仅指学习者对语言基础的了解和掌握，还指熟悉并应用目的语的文化知识”①。因此，忽视文化而开展的语言教学活动是不全面和不完整的。习语是文化的重要组成部分，在英语中有大量的习语，如果不明白这些习语背后的文化含义，就无法做到真正理解这些习语。例如，动词的后边不能直接跟宾语，但是在某些习语中，就会出现这种情况，如“She can talk the hind leg off a donkey.”（只要

① 刘煜丽 . 大学英语阅读教学中的文化渗透探究 [J]. 佳木斯职业学院学报，2022，38（4）：77.

她一开口就能滔滔不绝）中，talk 后面就接了宾语，如果熟悉这一习语，就会知道这句话的意思，但是对此不熟悉，就会认为这是一个病句。教师应该有意识地给学生讲解一些常用的英语习语，让学生逐步积累、掌握更多的习语，从而也可以提高学生的阅读能力，这就需要教师在日常的教学工作中，除了对学生进行词汇、语法方面的知识教学外，还应该对教材文章中所涉及的文化因素进行深入挖掘，把握住对学生进行文化教育的契机，立足于中外文化差异，从民俗习惯、国家地理、文化传统、地理风俗等多个方面出发，帮助学生了解中外文化的差异，促使学生在阅读过程中，能够从跨文化的角度正确辨识文章的内容，而不是运用中式文化思维去思考问题。

第三，语篇。英汉语篇之间的差异性较大，一般而言，英语语篇的观点等会在文章的开头直接说明，并且作者也会在开篇的时候表明自己的态度，后面才是论述环节。但是对于汉语语篇而言，往往是归纳型的，一般是先进行陈述，在末尾的时候才会表明自己的观点与态度。在阅读教学的过程中，教师应让学生明确英汉思维的差异，并且明确这种差异对篇章结构的影响，学生就可以根据不同的语篇特点选择合适的阅读方式。

二、基于应用语言学的英语阅读教学方法

（一）立足语篇与语境

在阅读英语篇章的时候，部分学生可能明明知道这个单词的意思，但是却仍然不能体会出这个单词与上下文的关系，也无法对篇章做出正确的理解；部分学生在阅读的时候并没有意识到英汉文化的异同，这样显然会给学生的阅读带来障碍。为了解决这个问题，教师就应该从整体的层面出发展开教学，并应该让学生拥有全局意识，只有这样才能不断提高学生的阅读能力，具体策略包括：第一，让学生明确不同语言之间逻辑结构上存在的差异；第二，让学生明确不同语言的表达方式；第三，让学生明确不同语言的修辞差异。

（二）灵活运用阅读策略

1. 略读

在阅读的时候可以以很快的速度通读原文，这样可以从总体上把握文章的主要意思，在阅读的时候并不需逐字逐句地读，往往仅仅需要读一下每段的首

与尾即可。具体到实践中，在阅读的时候需要重点注意的内容包括：第一，段首与段尾；第二，文章的标题以及作者着重指出的部分；第三，文中的关键词；第四，文中的关键词语。

2. 预测

在阅读的过程中有一个重要的环节那就是预测，预测在阅读中发挥的作用非常重要。在阅读之前，学生可根据课文中的一些关键词展开想象并对相关的情节进行预测，不仅能锻炼学生对知识的运用能力，还能助力于他们逻辑能力的提高。在不同的文章中会有不同的题目，这些题目往往就是文章中心思想的凝练与总结，教师可以引导学生通过标题去预测课文的主要内容，不论猜测的结果是怎样的，这都会助力于学生对课文的理解。

3. 推理判断

有时候并不能从文章的字面意思上找到所需要的信息，这时就需要学生运用自己的判断。在进行推理判断的时候，学生应该从全文的角度出发进行推理，这样才能得到文本的正确思想。一般而言，推理判断包括直接推理与间接推理，直接推理比较简单，理解原文的表面意思之后就可以得出结论。间接推理是一种比较复杂的推理方式，它要求学生能够挖掘文章背后的深层次含义以及作者隐晦所指。

4. 查找主题句

在英语阅读教学中，教师可以将主题句出现的大体位置告诉学生，并且应该辅以具体的实例，一般而言，主题句的位置是比较灵活的，出现的位置包括：第一，段首，有时候作者会将自己的观点态度先表达出来；第二，段尾，有时候作者也会将自己的观点放在段落的末尾，在此种情况下，这种主题句往往是对文章中论述所有问题的总结；第三，同时位于段首和段尾，此时段尾的主题句是对段首主题句的总结与升华。从结构上而言，不同位置的主题句在结构上也是存在差异的。

（三）在教学中融入背景知识

教师在开展阅读教学的时候需要围绕中心材料展开，材料的背景知识等对文章内容的理解是非常重要的，在教学时教师也应该着重对待。教师自己就应该明确关联性原则，并且在运用这种原则的时候就应该激活与此材料相关的话题与图示等。在具体的教学中，教师应该将这些知识自然而言地融入教学中，并把握好其中的比例。

（四）培养学生跨文化阅读能力

1. 扩展学生的跨文化知识

在培养学生的跨文化阅读能力时，教师应该明确语言知识以及文化知识的重要性，主要表现在：第一，相对于其他的材料，教材具有更高的权威性，学生完全可以根据教材上的内容进行学习与模仿；第二，在特定的语境下，作者会发表自己的见解并表达自己的感情，其中就会涉及表层文化以及深层文化，为了让学生有足够的时间去了解多元文化，让跨文化交际能够得以实现，学生就应该掌握一定的文化知识；第三，如果学生缺少某些跨文化理论，但是教材中所涉及的相关文化知识就能对此进行有效弥补，从而减少文化冲突的发生。学生在学习教材中的文化知识时，能够帮助自己后续进行语篇的理解，并且更能把握好作者的言外之意。因此，教师在授课的时候应该全面挖掘语篇中的文化内容，让学生能更好地吸收其中的跨文化知识，从而发挥语篇阅读教学的效果。

2. 强化学生的跨文化意识

教师应该重视阅读教学中文化渗透的重要性，一般而言，阅读不仅仅是去读各种文字，还应该体察到文字背后所蕴含的文化因素，如果没有在思想的层面上意识到文化的重要性，就容易导致理解偏差，需要教师在阅读教学中逐步培养学生的跨文化意识。在跨文化意识养成的最后阶段，行为主体能通过自己的理解去评判现存的某些文化现象，此时，其认知水平已经能够超越对文化的理解，能从文化的优缺点出发进行评判。教师应该培养学生能够正视不同文化之间的差异，并能尊重不同的文化，同时也应该有自己的看法。教师不仅要为学生详细讲解知识，更要培养他们自主学习的能力，挖掘他们的潜能，激发他们的自主学习意识，不仅提高他们的学习成绩，更要帮助他们养成良好的学习习惯，为他们之后的人生道路做好铺垫，为他们之后的工作学习奠定基础。

3. 展开有效的文化研讨

在探讨英语文化的时候，教师可以将其分成若干个小主题，并且在一定的时间里让学生对此展开讨论，在讨论的时候应该追求讨论的效果，教师要尽力发挥所有同学的积极性，让更多的同学都能加入讨论的环节中。在讨论之前，教师就需要确定出一个合适的主题，同时在整个的讨论环节，教师都应该发挥好自己的支配以及控制地位。在学生讨论的时候，教师应该给他们一些建议，并帮助学生解决可能遇到的跨文化交际问题。随着这种讨论活动的开展，学生们的文化背景知识也会得到进一步提高，从而增强他们的文化底蕴。在各种课堂活动方式中，课堂讨论是极为重要的，讨论效果如何会影响到课堂的具体实施，在课程开始前，教师应该让学生提早做好准备，使他们明白阅读的重要性，并与之探讨相关的阅读对策。在具体的课堂教学实践中，教师应该让学生明确教学的目的，并让学生能反思自己的所得。与此同时，教师也应该明确规则的重要性，让讨论活动能够有秩序地进行下去。

第五章　应用语言学视域下的当代英语写作教学

第一节　英语写作教学的性质、原则与心理机制

一、英语写作教学的性质

（一）实践性

写作是一种实践性非常强的主观活动，写作的目的就是为了传达思想、交流信息。随着人类的不断进步，其改造世界的经验也变得更为丰富。但是，这些经验会随着持有者不断消失而消失。为了保证这些经验能够传承下来，避免后代走弯路，人们就有了一个愿望，即能够将言语传达出去，并在时间上予以固定。因此，一些记录工具、记录符号不断发明出来，这也是为了实现这些愿望做准备。通过这一点可知，最初的写作与人们的社会生活是密切相关的，尤其是其具有存储信息的能力和作用。写作是生产和创造活动，最初的写作活动是为了记录和传递信息，但在写的过程中，人们发现了更加重要的东西，即精神生产。通过“写”这一活动，可以将人类虚无的精神转化为物质符号，使得虚空的意识具有了物质的形式。如果不经过“写”的活动，即使人具有丰富的意识，也无法证明其存在。由此可见，写作的行为证实了人内部世界的存在。

（二）主体性

写作往往是由个体的形式展开，所要传达的也是个体的思维方式和思维结果。写作中动机的产生、写作活动的开展及结束以及写作活动的深层支配，其都是围绕个体展开的。简单而言，写作的整个过程都是围绕个体来展开的。写

作之所以具有主体性，主要是因为写作表达的是人的本性，纸笔的运用只是其外在的表征。基于此，即使某一文章、著作是由个人完成的，其也是沿着个体化的轨迹开始运行的。

（三）交流性

人们之所以进行写作活动，从根本上而言是为了交际，因此，写作具有交流性特征。写作活动作为一个开放性系统，具体包含写作主体、写作客体、写作载体和写作受体四大要素，写作的过程就是四个要素之间的交流过程。在写作产品的流通阶段，具体包含三种交流活动：第一，写作主体通过写作载体获得与写作客体之间的交流。也就是写作主体通过写作载体传递信息，写作受体再通过写作载体获得信息。第二，写作主体与写作客体之间的交流。通过写作载体，写作主体达到了与写作客体的交流，这一方面加深了写作主体对写作客体的认识；另一方面也能使写作主体发现写作载体的不足，进而不断对写作载体进行完善。第三，写作载体与写作客体之间的交流，这是一种隐性的、间接的交流，是通过写作主体的认识和实践实现的。

二、英语写作教学的原则

第一，写作任务原则。传统英语写作教学往往存在教学语言脱离语境、脱离功能的现象，这样造成的消极结果有两个：第一，学生虽然可以建构准确的语言形式，却无法用这些形式得体且完整地表达意义；第二，所学语言脱离实际生活，无法调动学生的积极性。而任务化教学可以通过让学生完成一系列的任务达到教学目标，让学生在执行写作任务的过程中充分感受语言形式和功能的关系以及语言与语境的关系。因此，当代英语教学应当坚持任务原则。

第二，重视写前准备原则。学生在写作前有必要进行调研、收集资料、积累材料、酝酿论点及分析问题等活动。积累写作素材既是重要的写作准备活动，也是培养写作能力的重要手段。为了让学生积累更多的写作素材，以便更好地培养学生的写作能力，教师应鼓励学生在阅读范文的基础上对一些段落、句子、词块等进行背诵。背诵输入有助于克服英语写作中的负迁移，产出地道的英语表达方式，地道的英语是通过一些固定而优美的句型和英语的习惯说法来表达的。学生之间的讨论在写作过程中也具有十分突出的作用，通过讨论，学生可以获得写作的素材。头脑风暴、对话题的讨论、构思等写前活动不仅可以减轻学生的写作负担，而且可以培养学生的写作元认知策略以及学生对写作的积极情感。

三、英语写作教学的心理机制

了解写作的心理机制，有助于提高英语写作教学的效果。一般而言，英语写作的心理机制涉及以下两方面：

第一，书写技巧动型化。书写技巧动型化是指书写基本单位的自动化书写技巧，要求运笔动作连贯且迅速。换言之，就是在书写过程中一个动作紧扣另一个动作，一个基本单位的书写动作已经自动化。可见，书写技巧的动型化其实是高度的熟练化。随着熟练程度的提高，书写单位应从单词逐步扩大到短语、分句和句子，这不仅可以明显加快写的速度，而且可以提高学习效率。为了帮助学生掌握动型化的书写技巧，教师应通过多种方式引导学生进行练习。不但要经常在纸上练书写，而且要习惯于在脑子里练书写，在脑子里经常对字母、单词、句子从书写形象上进行复习，做到心手合一。

第二，由视觉到运动觉。由视觉到运动觉是书写的心理机制，视觉活动是书写训练的起点。具体而言，学生观看书上、黑板上的书写示范，在大脑里形成明晰的英文字母形象。学生形成的视觉形象越清楚、越深刻、越正确，下一步的模仿就会越顺利、越准确、越迅速。由此可见，书写是一个由观察到临摹、由临摹到自主、由自主到熟练的过程。虽然模仿是动觉性的，但却与视觉有着密不可分的联系。书写的基本要求是快速、正确、美观、清楚。因此，教师应清楚地意识到自己对学生的示范作用，应从教学的第一天起就为学生展现完美的书写，从而帮助学生形成鲜明、精确的视觉表象。此外，教师还要使学生养成看、想、写一体化，或动脑、动眼、动手一体化的良好书写习惯。

第二节　当代英语写作的教学特点与重要性

一、当代英语写作的教学特点

“英语写作是大学英语教学中的重点课程，学好英语写作并熟练运用，对于英语听、说、读等其他技能的掌握亦具有积极意义。”[①] 大学阶段的英语教学主要包括听、说、读、写四项技能的训练，其中，写作教学与其他技能的学习又有差异，主要体现在以下两个方面：

第一，写作课输出与检验的过程。学生要有一定的信息输入，对体裁、内容都要有一定的了解，同时不论是课后还是课中，学生都应有一定的阅读量，积累丰富的词汇、句型和语法，才能在写作课上游刃有余。换言之，写作教学能够检验学生平时的知识积累程度，检验学生对语法的掌握和词汇的运用等。学生如果没有日常的积累，就不能在写作中进行灵活自如的运用。

第二，写作教学对于教师的要求较高。写作教学是输出和检验的过程，它不仅检验了学生的知识积累，同时也在检验着教师的积累和准备工作。教师应做到：首先，充分准备素材，要让学生有所想、有所写。教师要启发学生思考，如针对题材的思考，针对体裁的思考，以及针对范文和遣词用句的思考等，都需要教师的启发和教导；其次，教师应具有比较广博的知识，因为写作的内容涉及多个方面，教师除了要有较高的外语水平外，还要对相关内容有所了解，这样才能言之有物；最后，教师课后要有耐心和责任心，对学生的作文进行批改。在写作教学活动开展中，作文的批改是一个不可或缺的环节，有了批改环节，教师才能扎实地掌握学生的英语写作情况，对学生的英语学习情况和应用情况有一个全面的了解，才能为后期的英语教学活动的开展奠定坚实的基础。因此，学生写作的水平需要教师的指正才能有所提高。

① 陶瑞萱 . 语料库背景下大学英语写作教学模式构建 [J]. 湖北开放职业学院学报，2022，35（4）：164.

二、当代英语写作教学的重要性

当代英语写作教学的基本目的是帮助学生获得英语语言的知识，并最终能用这门语言进行有效的交际。作为书面交流的方式，写作有着非即时性的特点，对于语言的准确和逻辑的严密有着更高的要求，因此比“听、说、读”更能够全面体现语言学习者的真实语言水平及思维能力，是高校英语教学中应该重点训练的一项技能。

写作水平的提高可以促进“听、说、读”等语言技能的发展。长期以来，高校英语的课堂主要是以“输入”为主，即以阅读和听力为主要教学内容，大量的阅读当然是写作的基础，但长期只读不写，会造成对语言现象的麻木，影响语言吸收能力。部分学生学习英语的积极性较高，掌握的词汇量较多，可是当需要实际用语言来描述一个场景或者表达一个观点时，他们脑海中储备的那些词汇却很难被“激活”，就算勉强想起来某个词，却往往词不达意，可能是词义的理解出现了偏差，又或者是词的文体风格与场景不合等。大量的“输入”却并没有让学生的真实语言水平得到提高，实际上学生只有通过实实在在的语言使用过程，即语言的“输出”过程，用英语进行写作时才会发现自己对哪些意思相近的词分辨不清，对哪些表达还没有把握，在努力寻找最贴切的词、最恰当的表达方式的过程中，才能增强对语言的敏感性，从而准确地掌握英语知识并最终实现熟练运用。

写作更是培养思辨能力的一种重要手段。高校英语写作教学不应该仅仅停留在讲授语言知识，提高语言技能这一层面，教育作为一项系统工程，目的应该是培养一个全面发展的人。各个学科的教学应该协同合作，共同培养出既具有某一领域知识的深度，同时具备人文精神、独立思考能力，不仅关心自己，更能关怀他人，有社会责任感的人才。高校英语写作能够引导学生进行批判性的思考，学会分析问题，考虑问题的各种解决之道。在写作过程中，教师应引导学生进一步思考写作要求中的核心要素，并灵活地运用自己在写作前这个环节中所积累的有关英语词句方面的知识等，这对学生的一生都是受益匪浅的。

第三节　高校英语写作的课堂教学体系解读

一、高校英语写作课堂的结果教学体系

通过分析使学生掌握各种文体的特征和写作方法，从而能够模仿并写出自己的作品，这种写作教学方法被称为结果教学法。结果教学法是一种基于句子层面的写作教学模式，它强调学生遣词造句的能力，要求加强句子组合和语法练习，是一个从句子入手，发展到段落，再到篇章的过程，学生写作的结果是教师关注的重点。结果教学体系的一般过程为：教师首先就某一修辞手段进行解释，然后要求学生阅读一个作品，接着根据前面解释的修辞手段和阅读的作品给学生指定写作作业，在这一过程中，教师有时会给学生提供写作作业的提纲或者范文，最后教师还要对学生的作业进行讲评。结果教学法被用于第二语言或者外语写作的教学之中，其重点也在写作成品上，强调语言的正确性、作文的篇章结构和写作质量。

结果教学体系一般把写作分为四个环节：第一，熟悉范文，教师选取一篇范文进行讲解，分析其修辞选择模式和结构模式，介绍修辞特点和语言特点；第二，控制性练习，教师就范文中所体现的相关常见句式要求学生进行替换练习，学生在教师的指导下渐渐过渡到段落写作；第三，指导性练习，学生模仿范文，使用训练过的句式，尝试写出相似类型的文章；第四，自由写作，学生可以自由发挥，使得写作技能成为自身技能的一部分，用于现实的写作之中。

二、高校英语写作课堂的过程教学体系

高校英语写作的过程教学体系开始于20世纪60年代，它是在发生认识论、信息论、控制论以及各种语言理论和教学法的影响之下所形成的一种写作教学方法。过程教学体系强调思维在写作活动中的重要意义，强调作者的主体意识和能动作用。在实践上，过程教学体系改变了以往的写作教学片面强调语法结构、修辞手法和机械模仿的倾向，把实际交际能力和智能的培养放到首位，因而它

强调的是写作过程，提倡学习者的合作。

过程教学体系最明显的特征就是注重思维训练和作者的能动作用。一切学习行为都是刺激、反应和强化的过程，反映在写作中便是注重分析和模仿文章的语言因素和结构形式，而忽视了作者作为写作主体的思维活动和实际的交际活动。创造性思维在学习活动中的主导作用，认为学习是高级的智慧活动，因而反对学生消极、被动地接受知识，主张让学生积极主动地去探索原理。过程教学体系把写作看成是一个发现、适应、同化的认知过程，因而强调学生要独立思考、收集材料、组织材料，对材料加以分析，并从中发现规律、掌握原理。只有这样，学生才能够创造性地运用语言知识，写出好的文章。交际教学理论也对过程教学体系产生了积极的影响，它把写作教学的内容从单纯的语言知识扩大到语义、文体、语域，甚至社会文化等方面。写作一方面要培养学生外语表达的能力；另一方面还要培养他们分析社交场景、读者心理以及交际目的和效果的能力。与此同时，过程教学体系还强调写作的根本任务是交际，是培养学生的思维能力和实际交际能力，因而要尽可能使教学过程生动化、情景化、以创造出适当、自然的交际环境。

第四节　应用语言学视域下的英语写作教学策略

一、文化差异对英语写作教学的影响

“英语写作是一种语言输出，它既是一种综合运用英语知识的实践活动，又是一门创造性的课程，是英语听、说、读、写中最不容易掌握的一门。”[①]对于英语的写作，其构成的基本单位是词语，应该引起学生的重视，在众多构成语言的要素中，文化与词汇之间的关系是最为密切的，并且词语也是语言中最为活跃与有弹性的成分。对词语文化内涵的理解是写作教学中一个非常重要的组成部分。在语言学领域中，那些拥有特定文化内涵的词语被称为“文化词汇”，

① 黄涓．大学英语写作教学 [J]. 教育教学论坛，2015（15）：206.

这些词汇与文化之间有密切的关系，往往蕴含着深刻的文化含义。在英语写作过程中会涉及很多文化词汇，如成语、俗语、称谓语、动植物词汇等。教师应在日常的教学活动中引导学生分析这些文化词汇，理解这些词语背后所展示出的文化内涵，这样才能让行文更为流畅，从而实现顺利交际。与此同时，思维以及价值观念等的不同也会对英语写作教学产生重要影响，这主要展示在句子以及文章的布局上，对于教师而言，应该站在布局的高度指导学生写作，从而逐步培养起学生良好的思维习惯，并让他们的英语写作水平能够得到进一步提高。

学生在写作的时候不可避免地会遇到一些结构方面的问题，在文化差异的影响下，需要注意的内容包括：第一，在引言方面，为了引起他人的注意，学生往往会为了引起读者的注意而多次强调自己的观点，表现在一句话中就是某些内容的重复、多次出现。在英语中，虽然有时候也会用到这种重复的手法，但是这种情况并不多见。第二，在汉化方面，学生是在汉语文化背景下学习英语的，所以就不可避免地会受到汉语文化的影响，一般而言，学生自己并不能意识到存在的问题，所以就无法进行改正。

英语句子一般而言比较紧凑，句子之间的逻辑关系非常强，句子中的那些衔接词一般都是具有特定意义的，可以据此判断句子的含义。与英语相比，汉语更加重视意合，从结构而言是比较松散的，句子之间的逻辑关系并不是那么清晰。在汉语句子的内部，有时并不能发现那些具有某种逻辑关系的连接词，但是也不会影响对句子的理解。篇章布局方面的问题，其根源就是英语重形合，汉语重意合。在阅读英文文章的时候，在开篇就能明确其基本观点，随着阅读的推进，学生可以进一步找到每段的中心句。在行文中，还可以发现很多连接词，从而让不同的句子与段落之间有更强的逻辑关系。受到汉语意合的影响，学生在写作文的时候往往会出现重点并不突出的情况，要想让学生克服这一问题，就应该让他们多训练。

二、应用语言视域下的英语写作教学

（一）应用语言视域下的英语写作教学原则

第一，交际性原则。在英语写作教学中，教师应多给学生展示一些交际的场景，让他们能从中感受到文化差异。写作之前的讨论活动以及写作之后的修改活动都可以小组的方式进行，这样就可以增强学生之间的交流。通过交流，学生可以获得更多的写作素材，在写作的时候也能更加得心应手。因此，在教学中遵循交际性原则是非常有必要的。

第二，注重基础原则。随着教学活动的开展，学生存在的各种各样的问题就会逐步显现，如拼写以及时态错误等，也有一些学生没有意识到细节的重要性，还有的同学在写作时会套用一些作文的模板，这些都是需要引起教师高度重视的问题，在实际的教学中，教师应该辅助学生打好写作基础，从而让他们的写作能力得到切实提高。具体到教学中，教师就应该让学生明确上下文语境，避免学生进行套译。在开展句法教学时，教师应该让学生在理解语义的基础上进行句子的连接，与此同时，教师还应该从多处着手，让学生明确英汉思维的差异体现与背后原因。

（二）应用语言视域下的英语写作教学方法

第一，培养学生的英语思维模式。在英语写作教学的过程中，教师应该引导学生对比中西方的文化与特征，让他们掌握英语篇章的组织方式，并逐步引导他们写出更高质量的文章。

第二，开设文化选修课，导入文化知识。教师除了应该在写作中融入文化知识以外，还应该进行有针对性的写作训练，逐步开设一些与文化相关的选修课，如“语言与文化”“语用学”等，这样不仅能让学生拥有更为广泛的接触多样文化的途径，还能让学生的视野得到进一步开阔，从而培养他们的文化意识。

第三，重视学生写作基本功的训练。句子是文章的基本构成部分，教师应教导学生把握基本的句子成分以及特征，逐步提高学生们的语言基本功。除此之外，学生还应该对英语的语法有明确的认知。

第四，增加英语阅读量，强化英语语言应用能力。学生只有通过大量的阅读，才能积累到足够多的词汇并对词汇的不同含义产生深刻的认知，在阅读时，学生可以通过作品去了解某个时代的概况，跟随故事中人物的情感去品悟作者的感想，这样也可以给学生积累下丰富的素材，并陶冶他们的情操。因此，阅读是非常重要的，不仅可以开阔学生视野，还能在一定程度上促进学生写作能力的提高。

第五，引导学生规范写作格式。在英语写作教学中，教师应该让学生明确不同的语言的文化要素，并且让他们按照特定的表达结构进行书写。例如，当教师在指导学生写作舒心文体的作文时，就应该让学生明确一般的写作顺序，因为英文的舒心写作与汉语是截然不同的，教师应着重进行讲解，以免学生出现较大的错误。

第六章　应用语言学视域下的当代英语创新教学

第一节　基于现代信息技术的当代英语创新教学

一、现代信息技术下的英语翻转课堂教学

随着信息技术的不断发展，信息技术对人们的影响也深入社会的各个方面。大学英语教学想要实现自身的改革与发展，也要借助信息技术，提高课堂效率，实现个性化学习，从而逐步提高学生的英语能力。翻转课堂指的是由教师创建教学视频供学生在课前观看，在课堂上通过师生的面对面交流从而让知识得到传播的一个过程。翻转课堂下的学习则将课堂变成了教师与学生以及学生与学生互动的场所，知识的获取是通过课后看视频获得的，这样就可以让学生有足够的时间去内化课堂知识，通过课堂的讨论，学生也会对这个知识点有更加深入的认知。基于信息化教学，翻转课堂让学生获得来自不同教师的教学视频，让学生拥有更多获取知识的机会，特别是能够选择与自己相适应的教学方式，这不仅能够促进优质教育资源的共享，还有利于教育均衡发展这一重要目标的实现。

（一）英语翻转课堂教学设计与活动要求

1. 英语翻转课堂教学设计

英语翻转课堂教学设计要素主要有如下方面：

（1）分析学习者。为了让学生以更高的效率开展学习，教师应该做好教学设计，学生处于学习的中心位置，只有对学习者进行深入分析才能让高效课堂的创建成、为可能。在分析学生的时候，教师应该明确不同学习者的个性，从

而能让学生实现个性化学习。教师在对学习者进行分析的时候，可以分析学习者的认知能力、学习态度等。应该让学生在课前学习相关知识，这样他们就能依据自己的节奏进行学习，对于不会的地方就可暂停视频进行思考。学生也需要具备一定的信息技术能力以及自学能力，同时，教师还需要考虑学习者的信息技能掌握情况。

（2）学习内容设计。在翻转课堂模式下，一些基础的知识点学生已经在课下提前学过了，所以就改变了课堂的目标，这显然就需要教师对知识进行重新划分以及整合。教师在设计教学内容的时候可以将不同单元里的知识点摘取出来，并将其进行仔细分类，这样就利于学生明确不同知识点之间的内在联系。教师也应该纵观教学目标，将这些知识点放在合适的时间给学生讲解，将各知识点融入不同的任务中。

（3）学习目标设计。在开展教学设计的时候，应该明确教学的目标，并发挥出教学目标的导向以及控制功能，让教学活动在教学目标的指引下向着正确的方向进行。在翻转课堂教学中，可以将学生的学习过程大致分为课前知识的内化阶段，和课堂知识的内化阶段。教师可以将第一个阶段的重点放在记忆与理解，对于第二阶段，应该将其看作知识的应用阶段，由此可见，第二个阶段的学习能有效提高学生对知识的应用程度。

（4）学习资源设计。在学生学习各项活动的时候需要相关材料的支持，这些材料被称为学习资源。按照来源的不同，可以将学习资源分为三类：第一，原创资源，这类资源指的是由教师根据教学的需要自己创造出来的那些学习资源；第二，引用资源，这类资源是作为辅助性资料使用的；第三，生成资源，是在教学的过程中所产生的与学习相关的资源。

（5）学习活动设计。学习活动指的是师生行为的总和，一般情况下也可以称之为教学活动，此处用“学习活动”的目的在于凸显翻转课堂“以学生为中心”的原则，可以将翻转课堂中的学习活动划分为两类：一是课前自主学习活动；二是课堂交互活动。对于这两类活动，应该实现目标以及任务上的衔接。在课前，学生可以通过自主学习相关知识，提出一些与学习相关的问题，在课堂上就可以与同学就这些问题开展讨论，讨论的环节不仅能提高学生的口头表达能力，还利于学生思维的锻炼。在开展各项学习活动的时候，应该遵循各项学习任务的指引，让学生开展更为高效的自主学习以及合作学习。

2. 英语翻转课堂教学活动要求

（1）活动设计宗旨突出。将翻转课堂融入英语教学中需要重视学生自主学习能力的培养，所以在开展活动设计的时候要做到和而不同。在课前准备环节，可以将学生分为多个小组，教师定好教学要点让学生以组为单位进行学习材料的搜集。在课中，可以让学生展示搜集到的内容，不同小组之间可以取长补短，让自己的知识体系更加完善。需要注意的是，在分组的时候应该遵循差异化的原则，让小组内成员实现优势互补。然后，小组内部可以推举出小组长，让小组长进行材料的整合以及各种问题的总结，这样就可以做到分而不乱。

（2）课前准备要求明确。在课程开始之前，教师就应该将本次课程的具体要求向学生阐明，主要体现在：第一，应该明确情感目标，这样就可以让学生对本次任务的中心情感有明确的把握。第二，在课前，教师应该准备好丰富的学习资源供学生使用，如参考书、教案、相关的学习视频等。在完成资料的初步筛选之后，就应该将合适的学习资源上传到网上，让学生能自主观看。在学生开展自主学习之前，教师需要将本节课的学习任务向学生阐述明白。在完成课前任务之后，教师就应该汇总学生学习时遇到的问题，及时做好答疑解惑。第三，学生应该对教师所安排的任务有清晰的了解，不仅需要教师提供多样化的学习资源，还需要学生充分利用学习计划表，将自己在学习过程中所遇到的困难记录下来。

（3）课中学生自我展现充分。在课堂上，学生可以将自己搜集到的各种资料以多元化的形式展示出来，并且还可以在课堂上阐述自己的看法。教师可以为学生构建多种教学情境，从而形成良好的学习氛围，让学生的学习兴趣得以激发，从而主动去构建新知。同学之间也可以通过彼此之间的交流，让他们实现对材料的内化，彼此深入的交流也能让学生参与具体的教学情境中，并对知识产生更深入的了解。学生可以小组为单位一起进行学习，并且在课堂结束之后派代表进行汇总发言。

（二）翻转课堂在英语教学中的运用

1. 运用翻转课堂的英语阅读教学

在信息时代，翻转课堂是一种为师生所欢迎的新模式，它颠覆了教师和学生的角色翻转课堂教学模式与传统的教学模式有很大的区别，在传统课堂教学中教师是课堂的主导者，负责知识点的讲解，学生被动地接受知识。

（1）英语阅读翻转课堂教学模式设计。与传统英语阅读教学不同，翻转课堂改变了教师讲解的内容的顺序，这部分内容被放在了课前。在课前，教师会为学生提供与所教内容相关的视频，学生通过观看视频完成自主学习，从而使学生原本需要在课堂上学习的知识在课前就完成了内化。而课堂的大部分时间就可以用来解决学生在自主学习过程中遇到的问题，也可以用于教师与学生、学生与学生的讨论。

①课前教学设计。

第一，教师方面。首先，教师要根据学生的需求选择阅读材料。许多学生反映教师提供的阅读材料毫无新意，与他们的兴趣毫无关联，因而无法真正激发其阅读的兴趣，所以教师在选择阅读材料时必须要从学生的角度出发，与时俱进。翻转课堂阅读教学主要的目的就是要让学生可以实现深度阅读，阅读材料的篇幅不能太长，否则可能会影响学生阅读的效果。其次，教师需要根据自己教学的特点选择材料制作教学视频，可以将需要讲解的内容进行分割，相似的内容放在一个视频中，每个视频时长保持在 10 ~ 15 分钟。虽然每个视频是独立的知识点，但是教师还需要保证每个视频之间的逻辑性，保证所有视频提供的知识是可以形成体系的。

第二，学生方面。学生在完成资料阅读之后就可以观看视频，学生要尽量掌握视频中的所有内容，对于重难点内容，还需要其多看几次视频，进行重点分析与总结。倘若在学习完毕之后学生仍然存在一些无法解决的问题，学生就可以通过在线平台与学生一起探讨，也可以向教师请教。

②课中教学设计。

通常情况下，阅读理解存在两个层次：一个是字面层次；另一个是评断层次。学生在课前观看完视频之后只是达到了字面层次，这是因为学生只是通过阅读简单掌握了英语词汇的功能与句型等基础知识，对英语文字的基本信息有了一定程度的掌握，但并未对阅读内容有深入的认知。但是阅读最主要也是最根本的目的就是要使学生可以达到评断层次，达到这一层次时，学生可以全方位地进行信息收集。然而实现这个层次其实并不容易，需要学生在课堂上集中注意力进行深度阅读，阅读完毕之后还需要就在阅读过程中存在的问题与同伴讨论。例如，教师可以让学生在完成阅读之后进行阅读材料的默写，这样不仅强化了学生的阅读效果，而且还在一定程度上提升了学生的阅读技能。

在英语教学中，教师要时刻提醒学生阅读的重要性，还要求学生要仔细研读阅读材料。仔细研读是学生进行深度阅读的一种形式，它能培养学生的高层思维技能。具体而言，教师可以采用示范研读的方式，在教师阅读完之后，学生进行集体与研读，一方面学生可以锻炼自己的口语能力；另一方面学生还能初步掌握文章的逻辑结构。当然，教师没有必要一次性就将文章读完，可以先领学生阅读一个片段，当片段阅读结束之后，就可以让学生自己分析段落的结构、主题。之后教师可以对学生进行分组，让学生以小组的形式对刚刚阅读的内容进行分析、讨论，并对学生讨论的结果予以点评。小组合作学习能让学生学习到其他同伴高效的阅读方式，同时也能使其认识到自己在阅读过程中存在的不足。

③课后的总结与巩固。

第一，教师方面。在阅读课结束之后，教师还需要分析学生在课堂上的表现，从而准确掌握学生在阅读学习上的优势与不足，并将其存在的问题通过微信等聊天工具反馈给学生，与此同时，教师也可以根据学生的问题向其有针对性地提出一些改进建议。

第二，学生方面。学生根据教师的反馈反思自己的学习，并根据教师的建议重新拟定英语阅读学习计划。

（2）翻转课堂教学模式在英语阅读教学中的具体应用。大多数学生的英语阅读并不是一帆风顺的，它总是会被学生的自身因素与各种客观因素所影响，而翻转课堂模式在英语阅读教学中的应用，让阅读教学变得更加高效，同时学生的阅读学习质量也得以提高。翻转课堂模式在英语阅读教学中的应用，主要可以通过以下步骤实现：

①教师制作视频，教授学生正确的阅读步骤。教师可以先在互联网上搜集一些与教学内容相关的视频，然后再结合自己的教学经验制作教学视频，视频的时长不宜过长，保持在10分钟左右为最佳。视频的内容主要是讲解英语阅读的具体步骤，以帮助学生规避阅读过程中的一些错误。

第一，学生在第一遍阅读时要保证一定的速度，实现快速通篇阅读，这样做的主要目的是梳理文章脉络，了解文章的主题。

第二，学生在第二遍阅读时要绝对认真，在学生阅读完成之后，教师需要引导学生对阅读材料中的重难点问题进行分析，从而使其可以自主解决问题，当然，学生如果无法解决，教师可以向其提供帮助。

②教师设计课前问题引导、课后问题检查。为了使视频起到预期效果，教师可以在结合课后问题的基础上向学生提出一定的学习要求与目标，同时还可以为其设计一些课前问题，让学生带着问题去阅读，这样他们的阅读就具有很强的目的性，保证了学生能够认真对待阅读。此外，还需要注意的是，对于一些精读课文，学生不能像对待其他一般性课文一样，仅只掌握课文结构与主题大意，而是应该加强语言基础训练，提炼课文中的语言点，在课下进行反复练习。如果学生无法提炼课文中的语言点，教师就可以行动起来，帮助他们分析课文，为其圈出其需要了解与掌握的一些重难点内容。课后巩固依然重要，这需要学生在课下自己完成相关阅读训练，并将问题反馈给教师，教师要对学生的问题进行检查，并给出合适的解决建议。

③选取英文报刊的文章。学生通过互联网可以了解到来自世界各地的知识，因此，教师必须要提高自己的专业水平，否则教师有可能都无法跟上学生的脚步。教师在教学之外还应多注意搜集一些比较有名的英语期刊，通过阅读期刊丰富自己的英语知识，提高自己的英语水平。需要指出的是，这些英文期刊并不只是教师提升自己专业水平的方法，学生也可以通过阅读英文期刊强化自己的英语阅读学习。教师可以灵活设置报刊阅读课程，多给学生一些阅读报刊的机会，同时还要为学生积极创设阅读情境，让学生在真实的情境中培养自己的阅读思维。每个英文期刊都包括不同的栏目，学生应该主动选取那些有着自己喜欢栏目的英文期刊进行阅读，而且，有些期刊对于一些重难点词汇还有标注，这更方便了学生的自主学习。因此，学生应该在生活中主动阅读英语期刊，不断提高自己的英语阅读能力。

2. 运用翻转课堂的英语写作教学

传统应试教育关注的是学生的分数，纵然分数在一定程度上是学生学习效果与学习水平的体现，但是对于英语教学而言，分数并不是最重要的，因为语言的学习重在实践学习，因此，听说读写译综合技能的培养才应该是英语教学的重点。为了实现这一教学目标，教育界开始了长时期的探索，并提出了不少新颖的教学模式，翻转课堂就是其中一种为大多数人所喜欢的模式。大学英语写作教学正在面临革新，翻转课堂在写作教学中的应用，给大学英语写作教学带来了新的发展机遇。

（1）英语写作翻转课堂教学模式设计。翻转课堂在大学英语写作教学中的应用需要一定的理论支撑，一切教学活动都应该以学生为中心，能激发学生的积极性与主动性，同时教师要发挥自己的主导作用，给予学生恰当的指导。教师要在认清翻转课堂本质的前提下开展写作教学活动，这样才能保证写作教学的科学性与合理性。在英语写作翻转课堂教学中，教师可以通过以下三个步骤实施教学：

①课前精心准备授课视频。授课视频最好可以由教师自己录制，因为教师了解自己班级的学生，可以根据学生的学习特点在视频中强调学习重点。当然，教师也可以从互联网上下载现成的视频，教师要确保这类视频是适合自己班级学生的。此外，视频的长度要有一定的限制，最好控制在 15 分钟左右，选取内容时要从教材与学生实际的学习情况出发，内容一般包括三部分：①学生进行写作学习时需要掌握的写作基础理论知识；②一些优美的文章分析；③能够在其他英语学习中也能使用的核心写作词句。

②课上组织开展多种形式的课堂活动。

第一，课堂讨论（小组讨论或全班讨论）。通常情况下，课堂讨论的现实意义主要体现在：一方面，可以将学生在课前写作学习中遇到的问题汇总起来，教师根据问题可进行针对性解答；另一方面，能够开阔学生的视野，启发学生的思维，还能帮助学生大量积累写作的素材。其实，课堂讨论对学生而言是非常重要的，它不仅为学生的实际写作打下坚实的基础，而且还极大地削弱了学生在写作时的焦虑感。

第二，课堂写作。在课堂讨论结束之后，教师就可以向学生提供一些写作题目，学生根据自己的喜好选择题目进行课堂写作。学生必须要将自己学习的写作理论应用到写作中，与此同时，还要尽量呈现一些英语词汇、语法以及阅读学习中的学习成果。课堂写作可以帮助教师及时检验学生写作学习的成果。

第三，审阅指导。英语写作重视英语知识的输出，具有很强的实践性，要求学生要扎实掌握英语写作知识，并能将这些知识应用到写作的遣词造句和谋篇布局上。同时，要想知道学生的学习情况如何，还需要教师能对学生的学习做出评价，评价的结果要及时反馈给学生，以使其可以调整自己的写作学习计划。此外，在翻转课堂模式下，教师批改作业的效率也能够得到一定的提高。

第四，成果展示。写作教学有效性的实现与教师的指导有密切的关系，同时也与学生的情感参与关系密切，成果展示能使学生更加积极地进行情感参与。当学生在教师的指导下完成写作之后就到了成果展示阶段，在这一阶段，教师要鼓励学生当着全班同学的面宣读自己的作文，同时也可以与其他同学分享自己的写作心得。朗读自己作品的学生能够获得教师与学生的认可，其在后续写作中就会坚定写作的信心，而对于其他倾听的学生而言，这种分享可以让其学习到一些新的写作技巧，从而有助于提高其写作能力。

③课后有针对性地布置巩固性、拓展性的练习。课上内容教授完成之后并不意味着教学的结束，课下练习也应是教学的一部分，它主要的作用就是巩固学生课上所学。因此，教师要给学生布置一些其在课下需要完成的巩固性、拓展性习题，需要指出的是，拓展性习题一般是给那些已经消化了课堂知识想要实现自我新的提升的学生准备的。

（2）翻转课堂教学模式在英语写作教学中的具体应用。翻转课堂实现了网络资源与书本资源的整合，突破了时间与空间的限制，该模式为教师的写作教学提供了有效的指导，因此，教师可以在大学英语写作教学中引入翻转课堂模式。

①第一阶段的写作为“以读促写”。阅读是学生信息输入的方式，而写作是信息输出的方式，二者可以实现信息的互动。通常而言，学生要想写好一篇作文，不仅要具备扎实的语法知识，有一定的词汇、句型积累，而且最重要的是，还需要其能对作品的主题有着准确而深刻的理解。那些本身知识面就比较狭窄的学生是很难准确理解作文主题的，同样也无法写出好的文章。因此，教师在写作教学过程中要多鼓励学生大量阅读英语原版资料，在拓展自己视野的同时丰富自己的专业知识体系。写作训练是提升学生写作水平的有力途径，在写作课堂上，教师可以为学生提供与写作主题相关的文章，在学生阅读完成之后带领学生一起分析文章，从而使学生可以掌握文章书写的思路，然后让学生用自

己的方式进行改写或者续写。需要说明的是，学生可以借助原文中的一些词汇或表达方式来充实自己的作品，这样就能在一定程度上降低学生的心理焦虑。

②第二阶段是自命题作文。在微视频中，教师可以展示给学生一段材料，并对该材料进行解构、语法等知识的分析，从不同的角度出发找出可以写作的点，学生可以根据自己的写作喜好与写作能力出发选择合适的题目。教师还需要对材料中的一些重点短语与句型进行讲解，并让学生尽量掌握这些内容，当其进行相关主题写作时就可以把这些短语与句型应用到自己的作品中，因为是由学生自行选择写作题目的，学生可以根据自己的兴趣完成写作。教师还要对学生的立意进行考察，以保证学生没有偏离题目。

在教学过程中，教师不仅可以为学生提供多样的题目，也可以为其提供丰富的题材，让学生进行多题材写作训练，从而提高其写作水平。写作是与生活息息相关的活动，教师还可以鼓励学生在旅游结束之后可以写游记，在电影观看完毕之后写观后感。此外，教师还可以搜寻一些能够继续展开写作的文章，让学生进行续写，这不仅能培养学生的写作技能，而且还能激发其想象力。

英语写作课堂进行翻转之后，学生可利用的写作资源更多，在写作中遇到的问题也能及时地获得解答。对于教师而言，他们将会有更多的时间为学生搜寻、整合写作资源，然后将这些资源分类，构建内容全面、分类明确的写作学习平台；教师可以有更多的时间去分析学生遇到的问题，然后根据问题进行针对性的教学设计，从而使整个教学活动变得更加顺畅、科学。

二、现代信息技术的英语移动课堂教学

信息技术的飞速发展以及移动终端的普及，使移动互联网开始进入大众视野，并且成为影响人们生产生活的重要因素。学生学习方式因为移动互联网也发生了显著的变化，各种学习手机软件的出现提升了学生学习的效率。英语教学也应该引入移动互联网，从而提高英语教学质量与学生的学习效率。

（一）移动课堂教学的背景与内容

移动课堂是在移动信息技术支持下形成的教学模式，这一模式是理论与实践相结合的产物。移动课堂是依托成熟的互联网技术，教师与学生使用移动设备进行交互的活动。移动课堂教学就是指在移动互联网技术的帮助下，教师与

学生可以在任何时间、地点通过移动终端设备完成教学互动的教学模式。在这一模式中，学生的角色发生了明显的变化，学生不仅是学习活动的践行者，而且还是其自身学习计划的制定者、内容的设计者。

1. 移动课堂教学的背景

（1）飞速发展的现代信息技术。第三次科技革命使不少新技术涌现出来，计算机技术是其中比较具有代表性的技术。电子计算机技术在人类生活的各个领域都实现了不错的应用，它促进了生产的自动化、管理的现代化，同时也促进了教育的信息化。第三次科技革命让信息技术实现了前所未有的发展，当互联网实现了全球范围内的普及就标志着信息革命的形成与发展。信息技术推动了一系列新的技术变革，这些技术的更新又带给人类以及人类社会深刻的影响。很明显，人类社会已经进入信息时代，信息技术的发展对人提出了更高的要求。而人的发展靠教育，因此，我们必须要重新审视教育与技术的关系，争取利用技术实现教育的新发展。高校英语教学正值变革之际，可以将信息技术引入英语教学中，用信息技术的力量推动英语教学的发展，实现英语教学质量的提高。信息技术对高校英语教学的各个环节产生了重要影响，甚至颠覆了教学方法。此外，它还改变了学生的学习方式，英语信息化教学使得学生在学习上的主动性提高了。

（2）数字化引发的教学与学习变革。

①教学方面的变革。

第一，教学理念变革。教学理念一旦形成就具有相对稳定性。教学理念是在教学实践基础上形成的一种思想观念，它具有明显的主观性特征。教学理念源自教学实践，同时又反过来对教学实践施加影响。教学理念是人们对教师的教与学生的学的总体认识。教学理念是动态发展的，它总是随着教学实践的变化而变化。数字化带来了英语教学变革，同时给英语教师提出了新的要求，要求英语教师在掌握扎实的专业知识之外，还要具有一定的信息素养，同时还能辩证地看待虚拟世界。

第二，教学方式变革。传统英语教学是一种粉笔加黑板的教学形式，在数字化时代，教学方式发生了明显的变化，“虚拟＋现实”的教学方式开始进入大众视野，走入英语课堂。数字化时代也是不断发展的，为了适应时代发展变化，高校英语教师要正视信息技术在英语教学中的积极作用，将教学与新型教学媒体挂钩，同时也在表明，数字化时代英语教学模式的变革的一个重点就是信息技术在英语教学中的应用。信息技术在给英语教学方式带来变化的同时也促进了教学方式在结构形态上的变化。当信息技术被引入高校英语课堂之后，英语课堂教学充满了浓浓的自主学习、合作学习氛围，这让英语教学的效率得以提高。

第三，教学结构变革。教学结构接受教育思想、理论的指导，通常由四部分组成，分别为教师、学生、教材和教学媒体，这四个要素各自独立，但又相互影响、相互作用，共同维护教学活动的稳定。教学结构的作用主要体现在它指导教师依照怎样的教育理论，采取怎样的教学方法来推动教学活动进程。从本质上看，教学结构其实就是对其四大要素之间的关系予以说明。传统教学结构主要有三种，分别为以教师为中心的教学结构、以知识为中心的教学结构和以学生中心的教学结构，但是时代在发展，教学活动也未停滞不前，当前的英语教学结构正逐渐向以学生为中心的趋势发展。

第四，教学评价变革。在数字化时代，促进大学英语教学评价方式发生变化的原因有很多，但主要原因有两点：一是传统教学评价方式过于老旧，无法适应课堂教学结构的新变化。目前，英语课堂因为信息技术的应用而变成了一个虚拟世界，在这个世界中，简单的考试与分数已经不是评价的唯一标准，利用信息技术对学生的学习情况进行精确分析，根据得到的结果对学生学习进行评价，才是一种科学、公平的评价；二是随着信息技术在英语课堂中的应用，多样的新型社会评价方式开始为教师与学生所喜欢。因此，英语日常评价也可以引入一些当代年轻人喜欢的方式，如投票、网络评价等，这些方式能吸引学生的参与。

不过，虽然各种评价方式可能在一定程度上激发学生的积极性，但是在具体运用上，教师绝对不能盲从，而是要遵循科学的原则：一是应遵循教育性原则。在英语教学中应用社会评价形式并不是为了紧跟时代的潮流，而是要从根本上激发学生的积极性，促进其身心健康发展。二是应遵循综合性原则。需要清楚的是，尽管这些评价的确可以激发学生的学习积极性，也正是因为这一优势，才让它的其他不足被掩盖了起来。例如，网络评价是一种高效的评价方式，深受大学生的喜欢，但是因为这种评价是在虚拟世界中产生的，这让评价可以被操控，所以无法保证评价的真实性。因此，在具体进行评价时，最好不使用单一的评价模式，而是综合其他评价模式的优势，彻底将评价中的不实成分剔除出去。三是应遵循人文关怀性原则。教师在对学生进行评价时，必须顾及学生的感受。

②学习方面变革。

第一，学习方式变革。学生知识的获得是靠教师对其进行单向传输的，学生必须要在教师规定的时间之内完成相关知识的学习。信息技术改变了学生单向的学习方式，当前，知识呈现出一种网状化状态，更新速度极快，内容体系也极为丰富。丰富的知识都是人们对自己生活经验的总结，人们看问题的角度不同，便形成了多样的知识结构，这让学习者学习时必然也需要用多元化思维进行思考。此外，学生学习的内容也不再局限于书本知识，借助网络，学生可以从不同的渠道获取知识，这让学习终于成为一种以学生为主体的活动，也真正实现了“以人为本”。

信息技术为人类搭建了超越时空界限的交互式教育平台，拉近了世界人民的距离，借助网络，人们就可以实现信息的流畅交流。学习结构也因为信息交换模式的变化而发生改变，由原来的金字塔形转变为分散网络型，新的学习结构打破了学习目标固化的界限，让教育实现了与世界的融通。从这里可以看出，信息技术其实是为身处任何地点的人服务的，这就为实现全球范围内的跨越式学习奠定了基础。

第二，学习地点变革。英语学习方式的改变也反映在学习地点上，应用语言视域下的当代英语学习方式是一种开放的学习方式，其学习场所可以是任何地方，现在的教学处于一种可选的大教育状态，最重要的是，师生的主从关系被彻底打破，因此，以信息技术为依托的各种学习方式开始涌现出来，为学生英语学习开辟了多种渠道，这些渠道不仅消除了学生与教学环境的距离，而且还促使英语教师改变自己的教学方式，利用信息技术去拓展学生的学习环境。数字化时代资源共享的特征也让学生可以在任何地点获得其他人所拥有的学习资源，这让所有学习者就某一问题可以实现平等交流，生命的本质也就在英语学习过程中得到了彰显。

（3）学生的差异化学习需求。学生生长的环境不同，受教育的背景也不相同，这让他们形成了自己独特的个性，即使在学习活动中，不同的学生也展现出了不同的差异，这些差异具体表现在以下方面：

①认知方式上的差异。学生在分析、组织、加工信息过程中表现出来的个性差异就是认知方式，它也可以被称为认知风格，从本质上来看，它是个体在认知过程中已固化了的态度与方式。例如，有的学生善于运用逻辑思维解决问题，而有的学生善于运用形象思维解决问题。

②学习风格上存在差异。学生在学习活动中喜欢使用的学习方式就是学习风格，学习风格一旦形成，一般很难改变。学生学习风格的差异可以从学生对知识点的掌握能力差异上体现出来。在传统英语课堂上，学生对英语知识的吸收内化程度不同，在课上学得快的学生一般吸收内化的程度高，而学得慢的学生则吸收内化程度较低，但是吸收内化并不是一蹴而就的，它是一个过程，需要时间的积累，如果给那些学得慢的学生足够的课堂时间，他们甚至要比那些学得快的学生知识掌握得更加牢固。

③学习动机上的差异。学习动机的作用体现在两个方面：一是刺激学生的学习欲望；二是维持学生的学习行为。一般而言，学习动机的内涵十分丰富，不仅包括学习兴趣、需要，而且还包括情感与意志力等。学习动机对学生的学习产生间接影响，它并不直接参与学生的学习活动。例如，在学习意志方面，有的学生表现得非常刻苦，有着顽强的意志力去克服学习中的苦难，但是有的学生没有持久的毅力，总是会半途而废。因此，在大学英语教学中，教师必须要时刻关注学生的学习动机，根据学生表现出来的学习动机差异为其制订有针对性的、科学的学习计划，同时为其设置不同的目标，目标要考虑学生的学习能力。

每个学生也会具有不同的个性，这样学生在学习活动中也反映出了不同的个性，教师要注意维护学生的这种个性，毕竟个性化教学是新时期我们非常提倡的一种新的教学理念。同时个性化教学还能最大限度地保持学生的特色，这也使学生的学习样态呈现出百花齐放的局面。

2. 移动课堂教学的内容

（1）课堂学习。课堂学习与传统教学是不同的，它是传统教学模式的延伸，课堂学习在实现过程中应该继续保持自己的优势，也就是对学生进行专业培养要保持其系统性。

第一，需要将已经为人所普遍接受的相对完善的知识体系结构导入其中，使其成为课堂学习系统的支撑部分。传统教学在专业培养方面已经有了长时间的探索，形成了丰富的培养经验，学生根据前人所设置的专业结构、课程标准等进行相关专业课程的学习，这时的学习是循序渐进的。不过，对于一些学习能力强的学生而言，他也可以进行跳跃式学习，但是需要打开相应的测试权限，一旦其可以通过测试，其就能学习其他拓展知识，但是这种学习是一种违背知识建构正常规律的学习，并不是所有学生都适合。

第二，对于课堂学习的过程，教师要形成详细的记录，以便其能从整体上把握学生的学习进度。掌握学生的学习进度主要可以从两方面实现，一方面是关注学生的专业学习走向，另一方面则是关注学生某一门专业课的学习进度。在进行专业选择之前，学生需要通过知识线路图对专业知识有基础的了解，待其完成导入课程之后，教师就可以根据学生的专业选择传授知识。此外，教师为学生布置单元任务，让学习者的学习始终处于一定的范围之内，这样教师就能清楚地掌握学生学习的兴趣、习惯等。此外，教师要对学生不同时期学习的进度予以保存，以方便教师从整体上分析学生的学习情况，帮助学生优化其学习方式。

（2）课堂测试。课堂学习完成之后，就需要进入测试环节，这是移动课堂教学非常重要的环节之一。测试的结果一方面可以帮助学生了解自己学习的优势与不足；另一方面可以帮助教师完成自我反省。要想真正实现这一模块，就需要与传统教学相结合，在测试环节中导入传统教学积累的测试资源。测试资源的种类十分丰富，主要包括：①平时练习，这种测试资源主要是用来测试学生在日常学习中对某一部分基础知识的掌握情况，一般而言，需要学生自觉完成；②单元测试，是对学生一段时间内的学习情况进行检验，根据测试结果教师可以掌握学生先前的学习情况，之后便能根据学生的实际学习情况做出教学计划、教学设计、教学方法等的调整；③课程考核，当学生完成一门课程的学习之后，教师就需要对学生进行课程考核，以验证学生是否比较好地掌握了这门课程的知识。

通过对以上测试资源的分析可以发现，平时练习中涉及的知识多为专业中的具体知识点，这是学生进行后续学习的基础，因此必须要引起教师的重视，除了给学生提供一些习题资源之外，最好可以根据习题提供必要的文字或视频讲解，以提高学生的学习质量；单元测试是以章节为依据形成的测试资源，教师需要根据测试结果了解学生模块学习的成果；课程考核是在学生已经明确自己学习活动结束之后向教师提出考核申请之后生成的习题，学生的考核结果需要被保存下来，因为后续课程的开设要以这些结果为依据。

（3）交流互动。移动互联体系中最具特色的部分当属互动环节，但是这一环节并没有在学习系统中得到很好的应用。将移动互联技术引入传统课堂可以加强教师与学生之间的互动，传统课堂上存在的少有的互动可以在线上完成，这极大地加强了教师与学生的互动，同时还让学生与学生之间实现了良好的互动。交流互动时需要注意以下方面：

①互动方式的选择。在线课堂使用的互动方式主要有两种：一是设置评论，学生观看完视频之后，可以在评论区发表自己的观点，其他学生可以紧随其后，这样他们就可以对同一问题进行热烈讨论，从而保证了知识的严谨性，当然教师也可以参与进来，与学生一起互动，同时也能对学生的看法进行评价；二是引入第三方联系的渠道，微信在人们日常生活中扮演着重要角色，它不仅是人们友好交流、增进感情的工具，同时利用微信还能完成学习层面上的互动，学生可将自己在学习过程中存在的问题通过微信发送给教师，教师可对其问题给予解答。

②互动内容的选择。互动交流行为有着显著的现实意义，主要体现在两个方面：一是打破了传统课堂上学生地理距离近而心理距离远的现状，学生不仅能在学习上实现交流，同时还能增进情感交流；二是教师与学生之间的互动使教师可较为全面地把握学生的学习情况，从而为以后的教学设计提供借鉴，这就给英语教师以启示，在设计互动内容时必须要考虑学生的意见，考虑自己过去的教学心得以及师生互动的相关内容。

（4）资源共享。大多数课程都有着很长的课程设置历史，这使其在课程发展过程中也积累了大量的参考文献资料，而且，学生在学习过程中也会利用网络查找相关资料，如果这两类资料都可以被整合起来，构建一个资源库，那么学生以后查询资料就会变得非常方便。教师在设计这一模块时还需要考虑资料的来源问题，因为来源不同教师就需要设置不同的上传权限，这样做的目的就是使资料在上传的过程中完成分类，这既节省了教师的工作时间，也方便了学生的学习。只要有权限，每个人都可以上传资料，所以长此以往资料的体量将会变得越来越大，这时可提供关键词搜索或者资源链接的方式让学习者继续学习。

总而言之，在互联网 + 教育理念的支持下，移动课堂通过资源分享、师生互动、在线考核测试的方式实现了对传统课堂教学的强化。在教育信息化不断推进的今天，将移动课堂引入英语课堂教学有着不错的前景。

（二）英语移动课堂教学的重要性

1. 英语移动课堂教学的必要性

移动学习就是呈现学生如何“学”的一种新型教学模式，因此，可将其引入英语课堂教学中，使其成为推动学生自主学习的重要推动力量。

（1）移动学习是一种课堂之外的非正式学习方式，能培养学生学习的自主化。移动学习是一种高效、便捷的学习方式，它对学习内容进行压缩，保持了自身灵活的终端特性，这是一种符合学生学习需求的学习方式。通过移动学习，学生可以高效地进行自主学习，可以利用日常琐碎时间学习，提高学习效率。

（2）移动学习终端设备的便携、灵活等特性符合英语学习的认知特点。学习是学生依托已知经验对新知识进行选择、加工与处理的过程，英语学习过程也是这样的一种过程。在英语学习中，学生需要及时将旧知识找出来重新温习，确保过去形成的短暂性记忆可以通过复习转变为长时期记忆，移动学习的灵活性恰恰满足了学生巩固知识的需求，可以说，移动学习是符合学生知识学习与巩固规律的一种教学模式。

（3）利用移动学习工具可以搭建虚拟的语言学习环境，能够增强学生的体验。从本质上而言，语言教学并不是要机械地向学生传授知识，而是要从语言规律之外出发为学生构建一个良好的语言学习环境，从而使学生即使在真实的语言交际中也会保持较高的英语应用水平。移动终端具有智能化特征，它可以通过文本、图片、音频与视频等形式给予学生更加丰富的感官体验，有效激发学生对英语学习的兴趣。

2. 英语移动课堂教学的可行性

（1）大学英语移动学习具备实施的物质基础，移动学习的物质前提已经具备，具体表现为以下方面：

①移动互联网实现了快速发展，人们走到哪里几乎都有免费的行动热点，这种全覆盖的网络为学生进行移动学习提供了重要保障。尤其是现在，人类已经进入5G时代，信息下载速度有了显著的提升，学生可以更加高效地完成英语移动学习。

②信息技术在英语教育中的应用已经常态化。教师从互联网上为学生下载英语学习资源，利用多媒体工具为学生讲解知识，或者直接进行直播授课。同时，社会为学生提供了大量的英语学习应用软件（App），学生在课下也能完成英语学习，从而使其英语知识结构体系更加丰富。

（2）大学生具备接受移动学习的相关能力。传统英语课堂的时间有限，学生学习的知识也是有限的，且对知识的消化程度可能不高，这就要求学生可以利用课下时间开展自主学习，移动学习就是这样一种可以实现学生自主学习诉求的学习方式，也能满足学生已经具备的接受移动学习的相关能力。

（3）英语学科及教学特征可以实施移动学习。作为一门语言，英语的主要属性就是交际工具，因此，在真实的场景中开展英语学习是非常有利于知识的吸收与应用的，支撑移动学习开展的移动设备没有时间、地点的限制，它具有可移动性，因此，学生拿着移动设备就能在任何地方实现英语学习。

总而言之，英语移动学习不仅能较大程度提高英语教学的质量，而且还能转变学生的学习方式，提高其学习质量与效率。

（三）英语移动课堂教学的实现路径

1. 英语移动课堂教学的实现方式

（1）基于课堂直播形式的移动学习。借助网络与多媒体技术，远程教育机构在网上进行授课课堂直播就是我们所说的课堂直播，一般也可将它称之为直播课堂。课堂直播的作用不仅体现在即时的课堂讲授上，当课堂结束之后，这些直播视频资源就可以转化为随时点播资源，学习者只要想要学习，随时随地都可以进行点播。课堂直播使学生即使不在课堂上也能感受与教师面对面的氛围，其为学习者构建了真实的学习环境，并能有效消除学习者移动学习过程中的不少干扰因素，还能较大程度上将课堂教学的作用发挥出来。

（2）基于资料收集形式的移动学习。一般而言，这里的资料主要分为两种：一种是在学习平台上，由各大教育机构提供的各种教学资源；另一种是存在于互联网各个角落中的多样的学习资料。学习者进行资料下载的行为与其学习需求有很大的关系，他们为了想要获得自己需要的学习资料就会自行从互联网上搜索，由于这是学习者的定向学习行为，这也使其移动学习具有了个性化学习的属性。

（3）基于移动学习平台的移动学习。现在有一些移动学习平台可以使用智能终端将课程前后、师生之间的教学互动进行连接，通过智能终端将课前、课中、课后的教学环节使用信息化手段进行全覆盖，如可以在课前将课程的资料发送给学生，让学生进行预习；教师可以通过移动学习平台了解到学生学习的相关数据，并可以根据数据调整上课内容；在课堂上教师可以使用这些学习平台进行实时互动，使每个学生都能参与到互动中来；课后教师也可以为学生布置一些与其在课堂上所学内容相关的任务，并利用平台的数据分析与管理功能对学生的课下学习行为进行数据分析，从而最大化地利用信息手段服务教学、促进教学。

2. 英语移动课堂教学的应用策略

（1）充分利用社群和网络。利用移动技术，学习者的学习行动将更加自由，他们不仅能控制自己学习的每一个环节，而且在制订学习目标、选择学习方式上也能对自己的学习情况有正确的认识，从而做出正确的决定。如果从社会认知的视野出发，可以看出，学习也是一种社会行为，学生在群体中的学习也有着各种互动与交际关系，这些关系与学习内容有着同样重要的地位。

学习社群并不是固定的，它是动态发展的，正是因为它的这一特性，才使其可以在多个层面上全面推动学习者开展自己的学习活动，总结自己的学习经验。社群内部的每一位成员都可以将自己获得的学习经验在社群内部分享，长此以往，这样的分享将会让每个成员都获得丰富的学习经验，从而提高学习的效率。在学生共同分享学习经验的社群中，每个人都是平等的，他们都是学习上的能手，他们看待问题的角度因为互联网而打开了，他们更加喜欢把问题放置在情境中去解决。社群内部的成员之间可以从别的成员那里获得优秀的学习经验，并对其学习活动进行模仿，这样学习者就会更加优化自己的学习活动。所以，英语移动学习的实现需要网络以及社群的帮助。

（2）有效结合解决问题的各个方面。移动学习与计算机辅助学习有着显著的差别，就其功能而言，它并不具备与计算机一样强大的功能。通常情况下，移动设备的显示屏并不大，联网速度也不快，更重要的是，其处理信息的能力也比计算机弱很多，所以任何一个移动平台的功能都无法与计算机相媲美。要对移动学习做出精准的定位，不能将其单纯地看作是一种解决学习问题的工具或者方案，它应该是英语教学过程中教师所利用的工具的一部分，移动学习这个工具与其他教学工具一起共同作用促进英语教学目标的达成。

（3）移动英语学习者应成为积极的、互动的知识构建者。学习者的角色定位问题困扰了人们很久，同时这也是移动学习需要解决的问题。移动学习被应用在英语学习中，能促进大学生英语知识结构体系的构建。学生没有必要在一致的时间内开展英语学习活动，这是因为移动学习可以让英语学习群体在不一致的时间相联系。在进行群体英语学习时，学生如果有疑问就可以向教师请教，也可以与其他同伴一起探讨。并不是所有学生都能对所有英语知识做到扎实地掌握，他们总有自己喜欢的或者具有优势的部分，有些学生英语听力好，有些学生英语阅读好，这就让学生往往会根据自己的学习情况决定自己的信息传达内容。学生之间进行互动，可以让其进一步明确英语知识的学习不止有一种思路，其他人的学习思路同样值得被尊重，同样值得学习。

总而言之，移动学习中的学习者应该是主动的知识构建者，他们主动与教师、学生互动，同时，教师在学生移动学习的过程中也要转变身份，应该成为学生学习活动的促进者，帮助他们完成有效的学习。

三、现代信息技术下的英语智慧课堂教学

信息技术的迅速发展带动着教育教学的信息化改革，作为技术含量较高的新兴教育形式，智慧教育能够满足学习者和教学者多种需求。

（一）现代信息技术下智慧课堂的内容分析

1. 智慧课堂的特征

（1）数据动态化。数据动态化是智慧课堂的重要特征，智慧课堂就建立在

各种数据基础上，它利用大数据技术收集学生在学习过程中产生的各种行为信息，并对其进行数据分析，为教师提供直观的、精确的学情报告，以便教师合理地调整教学流程。智慧课堂中的数据是动态的，教师可以实时掌握学生的学习状况，动态地调整教学策略。

（2）高效互动化。智慧课堂引进了各种先进的教学技术，这些现代教学技术极大地提升了课堂的互动效率，除了常见的小组协作学习、讨论学习之外，智慧课堂还引进了抢答器、随机挑人等设备，这些新兴技术为智慧课堂增加了趣味性，使学生的积极性与学习热情得到激发，更使课堂上的互动交流更加高效。

（3）多元智慧化。智慧课堂采用了多种新兴的教育技术，使课堂变得更加多元，同时智慧课堂还具有大量的智慧、智能元素，它能够智能地监测学生的学习过程，智能地生成数据分析报告，智能地推送教学资源。

（4）工具丰富化。智慧课堂引入了各种各样的教学工具与学习工具，并且它将这些智慧教学工具应用到许多真实的、具体的情境中，有助于学生自主建立相关的知识体系。丰富智能的学习工具能够为学生创造智慧化的学习环境，提供多种学习途径。

2. 智慧课堂的教学目标

教育目的就是人们在开始正式的教学活动之前，在脑海中对教育的结果所产生的预期，它也是教育应该达到的标准与要求。因此，人们期望通过一定的教育活动设计和教学手段去获取的最终结果就是教育目的。教学改革的推进对教学目标的设定产生了一定的影响，人们对教学目标的设定开始朝着多样化的方向发展，除了对学生的知识水平有所要求之外，还提高了对学生动手能力、实践能力以及价值观的要求。当代教育的目标更加关注人的发展，具体而言，包括人的完整发展、和谐发展、多方面发展以及自由发展。完整发展是人的基本素质要得到整体上的发展；和谐发展主要强调各种素质的协调发展；多方面发展是人的各项素质要尽可能地多样化发展；自由发展则强调人的个性发展与自主发展，将这四个方面综合起来就构成了人的全面发展。由此可见，当代教育的目标越来越综合化，人们希望学生在课堂上不只学到知识，还要学到学习知识的方法，同时也要学会感知学习的乐趣，提升自己的综合素质。

智慧课堂的教学目标与当代教学目标相一致，教师在智慧课堂教学中要对学生有充分的了解，积极调动学生的兴趣与热情，通过客观、公平、个性化的评价驱动学生投入学习。具体而言，智慧课堂的教学目标可以从以下三个方面进行探讨：

（1）教育资源有效获取与存储。经过了数字化处理，能够在计算机网络中投入使用的教学资源就是智慧课堂的教学资源，它是在教育信息化的推进下产生的，智慧课堂教育资源能够促进教育教学的改革发展。一般而言，网络课程、电子教案、音频视频资料、数字化资源库等都属于智慧课堂的教学资源。根据具体的功能作用划分，教育资源可以分为教学素材与辅助程序两大类。教学素材就是在教学活动中频繁用到的文字、图片、音视频等形式的教学资源；辅助程序则指能够帮助学生解决问题的教学程序，如学生遇到不认识的单词时，可以用网络英汉双解程序查找其释义，这种程序也属于教学资源。对智慧课堂的教育资源能够有效存取与利用是教师必须具备的能力，同时这也是智慧课堂重要的教育目标。

（2）实现课堂教学高效互动。智慧课堂推出的互动式教学系统真正实现了有效的课堂互动，智慧课堂主张教师在进行教学设计时应该将“互动”放在中心位置，同时借助多媒体技术、互联网技术、大数据技术以及云计算技术等新兴的教育技术，开展丰富的课堂互动活动，互动活动可以有多种形式，可以是一对一，也可以是一对多、多对一，教师与学生可以相互交流分享自己的观点。智慧课堂不仅为师生互动提供了良好的环境，还增加了互动的对象，拓宽了互动的范围，使高效互动课堂成为现实。

（3）培养学生的学习主动性。科技的进步与时代的发展改善了人们的生活条件，教育领域也在不断涌现出丰富的教学资源与先进的教学设备，教育信息化、智慧教育等教学理念逐渐被人们接受，教师与学生的教学学习生活也在朝着多样化、个性化发展。基于这一背景，主动探究学习逐渐成为人们提倡的学习模式。基于网络技术与计算机技术的发展，智慧课堂能够为学生提供全新的、多样的学习方式，拓宽学生获取知识信息的渠道。学生可以借助这些数字化资源与网络平台开展自主学习，自主选择感兴趣的学习内容，自主选择学习的时间与空间，学生的学习主动权重新回到了自己手中。智慧课堂期望能够激发学生的主动性，改变学生被动消极的学习状态，让学生更加积极地投入学习中。“学生在智慧学习环境和教师有效的教学组织形式下，提升自身的认知、情感、思维等智慧潜能，达到智慧学习的目的。”①

3. 智慧课堂的条件支撑

（1）智能移动终端的支撑。智能移动终端是人们日常生活中频繁使用的智能手机、电脑等，它使用起来非常便捷，具有移动性与实时性，并且可以同时执行多个任务。移动互联网技术为实现移动学习提供了技术条件，在现代社会中移动学习几乎贯穿着人们的生活。在此背景下，越来越多新兴的、先进的移动学习设备被创造出来，这些设备可以帮助人们随时随地开展学习活动。智能移动终端的特点主要体现在：第一，就硬件而言，智能移动终端将中央处理器（CPU）、存储器、输入和输出部件融于一身，它实际上就是一台微型的计算机，还具备了通信功能；第二，就软件而言，智能移动终端，包含操作系统，这些操作系统涉及的内容非常丰富，包括教育、娱乐、购物、社交等方面，并且这些系统大多数都可以免费使用；第三，就通信而言，智能移动终端适用于多种网络标准，它的接入方式比较灵活，而且具有高带宽的优势；第四，就功能而言，智能移动终端的功能在逐渐完善，并且朝着人性化、智能化的方向发展。

在智慧课堂中，主要使用的智能移动终端就是智能手机，随着智能手机的屏幕逐渐优化、功能逐渐丰富，其在教育领域的应用也越来越普遍。智慧课堂中的智能手机主要具备的功能包括：第一，社交功能。手机本身就具有社交功能，而智能手机中的微信、腾讯 QQ 等软件则优化了这一功能，学生可以借助这些聊天工具与教师、其他同学进行即时交流，而且这种交流可以是文字形式的，还可以是语音、视频形式的。第二，搜索查询功能。智能手机具有便携性，学生在学习过程中往往会遇到需要查询的知识信息，手机则可以满足学生的这一需求，让学生随时随地都能搜索信息。第三，阅读观看功能。学生的学习离不开阅读，智能手机可以为学生提供电子书与优质的课程视频，让学生随时随地都能阅读观看，为学生的碎片化学习提供了设备条件。

（2）智慧学习技术的支撑。智慧课堂建立在诸多先进的现代教育技术的基础上，这些先进的信息技术就是智慧学习技术，包括大数据技术、云计算技术、

① 朱燕华，陈莉萍．大学英语智慧课堂教学评价指标体系构建[J]. 外语电化教学，2020（4）：94.

人工智能技术、物联网技术等。在信息技术的更新迭代中，人类开启了大数据时代。大数据技术在教育领域的应用也逐渐推广开来，大数据主要的特征为：第一，容量大，拥有海量的数据；第二，种类多，数据的类型丰富；第三，速度快，人们可以快速地获取数据；第四，真实性强，数据质量较高；第五，价值大，数据可用价值高。要想充分发挥大数据的功能，就必须结合学习分析技术，该技术主要对这些海量的学习数据进行分析，进而对学生做出客观的评估，找出潜在的问题，并且提出应对的方法。由此可见，智慧学习技术是相互联系的，不能孤立地看待，它们往往会一起发挥作用。

（3）智慧学习环境的支撑。一般而言，学习环境主要由物理环境与虚拟环境构成，在智慧课堂中，物理学习环境就是智能教室，而虚拟学习环境就是智慧学习平台。传统的教室环境的构成元素比较简单，包括教师、学生、讲台、黑板等，这种教室形态比较原始，教室环境简陋不代表传统的课堂就没有智慧，智慧始终存在于每个时代的教学活动中，只是其内涵及表现形式有所不同，传统课堂的智慧主要体现在师生的言行举止上。现代信息技术的出现改变了教室的形态，如多媒体技术促成了多媒体教室的建立，但是实际上此时学生的学习模式并没有多大的变化，只是从“人的灌输”变成了“技术灌输”，智慧培养没有得到重视。

智慧课堂依托于智慧教室，致力于促进学生智慧的生成。智慧教室的组成要素包括基础设施、泛在网络、教学平台、技术支持平台、移动终端设备等。其中，基础设施主要是教室中的桌椅板凳、灯、计算机、无线路由器等；泛在网络是多种网络连接方式；技术支持平台是数据采集、数据分析平台；教学平台是能够完成教学实施与管理的平台；移动终端设备则是智能手机、平板电脑等。在现代教育技术发展的初期，由于缺少完善的平台，这些智能技术只能被零散地应用，不能将其功能发挥到最大，而“互联网+”时代则促进了它们的技术融合，许多开放的、智能的移动学习平台建成，教师与学生可以在一个平台上完成所有的教学任务与学习任务，包括师生互动、布置作业、完成作业、教学评价等，并且这些平台还在不断更新完善，不断满足人们新的需求，智慧学习平台在教育领域的应用也越来越普遍。

（4）智慧学习资源的支撑。学习资源主要是学生在学习过程中需要的信息资源与实物媒体，它是教师与学生开展教学学习活动的前提。具体而言，信息资源主要是学习过程中需要用到的信息技术、教学设备等，实物媒体则是学习活动中需要的实物、标本、模型等工具，实物媒体更加形象直观，具有较强的真实感与空间感。智慧学习资源就是智慧课堂教学所需要的资源。智慧学习资源包括预设性学习资源与生成性学习资源。预设性学习资源是智慧学习平台所提供的所有资源的集合，它鼓励资源独立于设备。学生可以随时随地用手机在资源库中查找资料，选择自己需要的资源，并且智慧学习平台还能按照学生的学习特征、学习需求为其推送合适的学习资源；生成性学习资源具有生成性和发展性，换言之，它并不是预先存在的资源，而是随着学生的学习活动不断生成的资源。学生与教师、同学的交流记录，学生的个人反思与学习成果等都属于生成性学习资源。

（二）现代信息技术下英语智慧课堂教学及应用

1. 现代信息技术下英语智慧课堂的教学价值

（1）英语教学资源共享。英语智慧课堂将现代教学技术引入英语课堂之中，促进了师生之间的互动交流，并且优质的英语教学资源可以通过网络远程输送到各个地方，促进教学资源的共享。从空间上而言，通过多媒体教学技术，学生可以坐在教室中看到其他学校的教室场景，换言之，英语教学可以以异地同步的教学形式进行，英语的学习不再受到空间的局限，不管是优秀的教师还是优质的教学资源都可以共享。从时间上而言，教师与学生的互动交流可以摆脱课堂时间的限制，即使在课下，学生也可以向教师提出自己的问题，与其他同学在线上进行讨论，学生的思维也不再局限于某个课堂，其英语学习思维会得到拓展。

（2）提高英语课堂效率。基于信息技术与大数据技术形成的英语智慧课堂能够极大地提升英语课堂教学效率，辅助英语教师设计出合理的、个性化的教学方案。英语智慧课堂有着丰富的教学知识储备，支持多样化的教学形式，能够借助现代信息技术实时分析学情，跟踪记录学生的学习过程，并且可以随时回顾相关的教学内容。具体而言，英语智慧课堂对英语教学效率的提高主要体现在教学密度高与教学节奏快。教学密度高是因为英语智慧课堂涉及的知识范围非常广，教学内容多，练习量较大；教学节奏快是因为在现代教育技术的辅助下，英语课堂教学的节奏加快了，不过依然遵循着一定的秩序。

在信息时代的背景下，英语教学资源的内涵也有所扩展。现如今，除了基础的英语教材之外，其他相关的辅导书籍、音频、视频以及网络上的课程资源都属于英语教学资源。只要英语教师仔细筛选，加以利用，就能为英语课堂增添各种有趣的、新鲜的内容。

（3）帮助教师更好教学。传统的英语教学模式下，英语教师除了在课上讲授知识之外，还有许多其他的教学任务要完成，如备课、批改作业等，工作量较大，教学任务比较繁重。智慧课堂的出现则缓解了这一问题，它可以根据英语教学大纲以及本节课的教学内容，智能化地为教师推荐教学课件，推送相关的音频、视频教学资源，还会筛选出课程内容的重难点，推送具体的应用案例等，这为英语教师备课带来了一定程度上的便利，英语教师可以借助这些优质的智能化课件，高效、快速地完成备课任务。

以前，英语教师必须每天批改作业，只有这样才能掌握学生对知识的理解程度，还要组织学生每周或每月进行一次考试，设计试卷、修改试卷，期中或期末考试的工作量会更大，这些工作都是对教师教学时间与精力的消耗。智慧课堂则以智能化技术与海量的资源库，代替了教师的出卷、改卷工作，并且还能在改卷之后自动生成分析报告，明确学生在学习中的问题，为教师提供了精准科学的数据，便于教师有针对性地修改教学策略。由此可见，智慧课堂帮助教师节省了大量的重复劳动的时间，使英语教师的工作负担有所减轻。

（4）更好地实现因材施教。每个学生的学习能力与学习特色都不同，每个个体之间都存在差异，但是由于教师数量有限、课时安排不足等多个方面的原因，传统的英语课堂教学较难做到因材施教，教师只能用一个统一的标准要求学生。现代教育技术的发展正在逐渐解决这些问题，教师可以借助计算机技术与网络技术，为学生创建一个良好的自主学习环境，学生可以根据自己的学习能力与学习兴趣，灵活地采用各种学习方式与学习途径开展英语学习。对于学习能力较弱的学生而言，他们可以选择难度较低的课程，循序渐进地展开学习；而对于学习能力较强的学生而言，他们则可以选择较高难度的课程，挑战自己，激发自己的无限潜能。由此可见，智慧课堂使因材施教成为可能。

（5）培养教师互联网思维。互联网思维是在网络信息时代下产生的一种全新的思维方式，它具有诸多优势与特点，具体包括跨界融合、平台开放、关注用户、强调体验、应用大数据技术等。教师制作教学视频的任务重、压力大，不能仅依靠教材进行视频制作，而是要充分利用互联网中的优质资源。教师可以在网上寻找一些符合自己需求的、合适的、优质的课程视频，直接下载使用，这能够有效减轻教师的工作压力。此外，高校英语教师之间也要进行微课视频共享。

传统的英语课堂教学需要依赖教师的主观经验，而现代英语智慧课堂依靠的是大量的、充足的客观数据。借助大数据技术对学生学情、教学效果展开分析，较大地推动了高校英语教学改革的进程。具体而言，大数据技术与人工智能技术可以使教学分析结果可视化，教师可以通过清晰的图表了解教学效果，反思教学策略，进而有针对性地予以调整。与此同时，教师还可以借助新兴技术分析掌握学生的个性特点、学习偏好，从而帮助学生找到最适合自己的学习方式，为学生制订个性化的学习计划，真正地实现差异化、个性化教学。由此可见，现代信息技术与大学英语的深度融合有助于学生的个性化发展。

2. 现代信息技术下英语智慧课堂的应用

（1）智慧课堂在英语听说教学中的应用。

①智慧课堂在英语听说教学中的应用原则。

第一，真实性原则。在智慧课堂中，对大学英语听说教学相关任务内容进行设计时，教师应该贴近学生的真实生活，并将学生的一些真实经历融入其中，这种教学设计有利于将教学理论知识与社会生活有机结合，从而调动学生学习的积极性和主动性，更有利于学生将自己所学的理论应用于具体的社会生活实践中。在日常的大学英语中，英语教师为了提高学习的成绩，会组织多种形式的活动。虽然这些活动内容丰富、涉及范围广泛，但都存在着一个共同的缺点——缺乏真实性，不利于激发学生学习的兴趣，也不利于理论与现实生活的有效融合。因此，教师在设计英语教学任务时，应该保证英语教学任务的真实性，多组织一些真实性的活动，从而提高学生对知识的探究欲望。

第二，交流性原则。由于听说教学的特殊性，教师在进行英语智慧课堂听说教学任务时还应该遵循交流性原则。学生通过交流能够认识到自己的不足，并改正自己的不足。同时，学生在交流中也能够学习他人的长处，发现他人的不足，这样有利于学生吸取他人的经验和教训，从而促进自己听说能力的提高。

如果任务的设计缺乏交流性，那么学生与学生之间就无法相互学习，也无法取长补短，这在一定程度上会影响学生的发展。

第三，阶梯性原则。在英语智慧课堂教学中，教师要根据学生的实际学习情况来进行教学任务的设计。教师还应该明确，教学与学习是一个不可分割的系统，两者之间并不是孤立存在的，而是相互影响、相互作用的。教师要结合英语听说教学的具体目标以及学生之前存在的个体差异进行英语听说任务的设计，遵循任务的阶梯性原则，即先设计一些简单的、容易理解的任务，再设计一些复杂的、难以理解的任务。具体而言，教师在设计一个单元的任务时，应该将所有的任务集中在一起，再遵循阶梯性原则，将一单元中所有的任务进行由易到难的设计。同时，还应该注意的是，教师在设计任务时应该保证任务与任务之间的衔接性、合理性、层次性、逻辑性，这样有利于激发学生探索任务的兴趣。

第四，延展性原则。在英语智慧课堂教学中，教师在设计任务时不应该只局限于英语课堂教学，还应该根据学生的学习情况和任务的目标恰当地将学习任务延伸到课堂外，与课堂外的一些活动相结合，这就是英语智慧课堂教学中的延展性原则。英语智慧课堂教学不同于传统的英语教学，是英语传统教学的一种改革和创新。全方位的教学环境、丰富的教学资源和学习资源是开展英语听说智慧课堂教学的关键。

除此之外，在进行英语听说教学任务内容设计时，教师应该在英语听说教材内容的基础上融入一些其他与之相关的学科内容，这是对任务内容的延伸。

②英语听说智慧课堂教学的可连续对话型设计。

第一，明确学习目标。在可延续对话型任务设计中，教师应该将学习目标置于首位，教师要注意学习目标完成的顺序。具体而言，可延续对话型任务强调的是任务的可延续性，主要是指围绕某一问题组织的一系列可持续的学习活动。在每个阶段的对话中，任务都是明确的，同时也是可视化的。在完成每个阶段任务对话后也可以测量自己完成任务和目标的情况。教师不受教材的限制来安排对话，而是根据句法的难易程度以及对话的准确、熟练来进行安排，保证对话的层次性、逻辑性、梯度性等，有利于为学生提供可延续对话型系列活动。此外，教师要鼓励学生参与可延续对话系列活动，积极主动地学习，从而在完成每个阶段对话目标的基础上实现整节课的学习目标，这种可延续对话型任务设计也适用于大学英语听说智慧课堂教学。在这一任务的设计中也要注重学习目标的制订，并通过英语听力每个阶段对话子目标的完成来实现英语听说课程目标。

第二，学生分析。学生分析也是可延续对话型设计应该考虑的因素。通常情况下，教师会通过学生的学习需要与学习特征来进行学生分析。智慧课堂与传统课堂不同，它注重学生的自主学习和个性发展，同时确立了学生的主体地位，课堂教学主要以学生为中心。要想实现智慧课堂的教学目标，必须综合分析学生，如学生的实际听力水平、学习习惯、学习心理、学习素养等都是分析的范畴。大学英语听说智慧课堂教学坚持以学生为中心的理念，将学生的学习特征与学习需求融入具体的听说教学任务设计中。同时，教师还围绕听说教学目标、教学内容、学生的学习特征和需求创设真实的英语听说情境，在一定程度上能够促进学生智慧的生成，调动学生学习英语听力和口语的积极性，提高学生的语言表达能力和应用能力。

第三，确定主题。确定主题也是可延续对话型任务设计的重点。教师根据学习目标以及学生的实际学习情况，结合教材内容，选取与学习者学习、生活联系比较密切的主题，并遵循循序渐进、由易到难的顺序进行主题的确定。而学生可以根据自己的学习情况、兴趣爱好等来合理选择主题和对话伙伴。需要指出的是，智慧课堂不同于传统课堂，学生的对话伙伴在传统的同学伙伴的基础上，还增加了一些移动终端，这些移动终端可以进行人机对话。

在选择完对话主题和对话伙伴之后，每个小组就可以进行对话练习，每个对话小组在对话主题、对话内容上是不一样的，因此，每个小组的对话方式、学习方法也都存在着一定的差异。而学习平台会将每个小组的学习情况以及差异记录下来。教师要想对每个小组进行合理评价，就可以以学习平台的记录为依据。

具体到大学英语听说智慧课堂教学中，教师在设计任务时也应该注重主题的选择与确定。教师在选择主题时应该根据学生的听说水平、英语学习兴趣、社会生活经历等，从而使主题能够满足学生的需要，激发学生学习的兴趣。此外，教师还要注意对话内容的顺序，应该遵循循序渐进的原则，在一步步任务和活动的促进下，学生的英语听说能力也会有很大的提升。

第四，选择交互形式。每个小组有着不同的对话主题。基于此，每个小组可以根据自己的对话主题来选择合适的交互形式。比较常见的交互形式有学生与学生之间的互动形式、学生与具有人机对话功能的移动终端的互动形式、学生与教师的互动形式。具体到大学英语听说智慧课堂教学，教师要引导学生科学选择交互形式。与传统的教学模式不同，智慧课堂教学有着网络平台的支持。因此，教师可以引导学生在学生与学生互动的基础上，将学生与移动终端的互动融入其中，这样智慧课堂的网络学习平台上的资源能够有利于丰富小组对话的内容。总而言之，生生交互形式与人机交互形式的有机结合，有利于互动形式的多样性，也有利于小组对话的可延续性。

除此之外，需要指出的是，无论选择哪种交互形式，都必须有利于对话的开展。教师应使学生意识到网络学习平台在小组对话中的重要性，并通过网络学习平台进行对话和互动。教师还应该引导学生注重交互形式的多样性，在一种交互形式的基础上还可以根据实际情况选择其他的交互形式，从而弥补一种交互形式的不足，充分发挥教师的指导作用。具体而言，教师要对生生互动、人际互动、师生互动等互动形式进行讲解和示范，使学生明确这些互动形式的策略、重点与注意事项等，从而最大程度上提高学生的学习效率和效果。

第五，学习支持服务设计。在智慧课堂教学中，学习支持服务可以弥补传统教学的不足。具体到大学英语听说智慧课堂，教师在设计英语听说教学任务时，充分利用网络技术，将智慧课堂融入具体的听说教学设计中，实现网络技术与智慧课堂教学的整合。教师应利用多种信息技术工具，融入多种信息技术资源，真正实现线上线下资源的整合。同时，教师还应注重学习支持服务设计，这些都为英语听说教学提供了真实的语言环境。可延续对话型任务设计要求智能学习系统具有多种功能，如人际对话功能、线上讨论功能、反复播放对话视频功能等。智能学习系统的这些功能，为小组对话提供了丰富的资源，也为小组对话活动的顺利开展提供了技术保障。

第六，效果评价。效果评价在可延续对话型任务中也起着不可替代的作用。教师要引导学生通过恰当的方式来展现自己的学习成果，并提供相应的评价标准。具体到大学英语听说智慧课堂教学，教师在进行可延续对话型任务设计时就应该提出相应的任务标准，使学生明确英语听说学习成果的评价标准。教师也要采用科学合理的评价方法对学生英语听说学习的效果进行评价。

（2）智慧课堂在英语词汇教学中的应用。

①智慧课堂应用于英语词汇教学的必要性。随着信息技术的迅速发展，智慧课堂在大学英语教学中的应用更加广泛。关于大学英语智慧课堂教学模式的研究大多都集中在：首先，对大学英语智慧课堂的各种要素进行了系统论述，系统要素、技术要素、应用要素是研究的重点；其次，对大学英语智慧课堂的网络平台进行了系统研究，并对平台的基本特征进行了重点论述；再次，对大学英语智慧教学模式的线上线下模式进行了研究，并构建了相应的模式体系；最后，对大学英语智慧课堂教学模式的具体应用进行了研究，为智慧课堂的具体应用提供了指导。将智慧课堂融入大学英语词汇教学中，是当前英语词汇教学改革的必然趋势，原因主要包括以下方面：

第一，智慧课堂是信息技术发展的产物，能够实现线上线下教学的有效融合，这种教学模式使词汇教学不受时间和空间的限制。词汇教学是一个复杂而动态的过程，在时间有限的课堂教学中很难系统讲解词汇，也很难实现词汇教学的目标。而智慧课堂与英语词汇教学相融合，打破了传统教学的局限，学生可以在课下随时随地进行词汇学习，真正解决课堂教学学时不足的问题。总而言之，智慧课堂将课堂教学与课外教学、线上教学与线下教学有机结合，对词汇教学具有很大的促进作用。

第二，智慧课堂注重学生的主体性，能够促进个性化教学的实现。智慧课堂融入词汇教学，教师可以充分利用智慧课堂教学的优势，利用测评分析，及时了解学生词汇学习的情况，并根据学生的学习情况进行个别化辅导，同时也可以及时调整词汇教学的进度，促进学生的个性化学习。学生也可以根据自身实际的学习情况来选择词汇学习资料，调整学习进度，真正发挥自己的主体优势。

第三，智慧课堂在词汇教学中的应用，为教师提供了多样化的教学方式。智慧课堂以信息技术为基础，融合多种教学媒体，为教师和学生提供了丰富的资源。教师可以采用智慧课堂的支持平台进行词汇教学，也可以借助微信等工具对学生的词汇学习进行指导。

总而言之，智慧课堂有利于解决大学英语词汇教学中存在的诸多问题，为大学英语词汇教学提供了新的思路。因此，将智慧课堂融入大学英语词汇教学改革中是必要的，也是可行的。

②基于智慧课堂的英语词汇教学课堂设计步骤。智慧课堂在大学英语词汇教学中的应用是复杂的。以“Toward a brighter future for all（《新视野大学英语 1》第三版）”为例进行具体分析，这一节课的目标是学生学习和掌握 42 个单词和 12 个词组，具体的词汇教学设计流程如下：

第一，课前准备。课前准备是基于智慧课堂的大学英语词汇教学课堂设计的基础。课前准备不仅包括学生预习英语单词的测评，还包括相应的英语词汇教学设计。课前准备能够为英语词汇智慧课堂教学设计奠定基础，其旨在借助信息化平台对学生预习英语单词的情况进行检测，并根据预习测评结果，对英语词汇智慧课堂教学方案进行设计。在词汇教学设计过程中，要注意设计的逻辑性、针对性、个性化。

第二，课堂互动。课堂互动也是英语词汇智慧课堂教学设计中不可缺少的环节。课堂互动强调学生在课堂上的交流与互动，它是在学生预习的基础上进行的。通常情况下，课堂互动除了包括协作学习、课堂检验外，还包括总结提升的部分。通过课堂互动的设计和实施，有利于改革传统的教学模式，创新词汇教学的方法，形成平等、互动的师生关系，有利于提高英语词汇教学的效率，实现英语词汇教学的目标。

第三，课后反馈。课后反馈是英语词汇智慧课堂教学设计的最后阶段，也是词汇设计不可缺少的环节。课后反馈能够对学生课堂上的表现和学习情况进行反映，教师可以根据学生的实际学习情况设计下一节课的教学内容和目标。通常情况下，课后反馈除了包括线上辅导、资料补充外，还包括复习巩固等环节。除此之外，教师可以根据课后反馈的结果，对词汇教学进行资料补充，从而使学生能够真正理解和掌握英语词汇，并将其灵活应用到英语技能教学中。

四、现代信息技术下的英语微课与慕课教学

（一）现代教育技术视域下英语微课教学

1. 英语微课教学的条件

（1）教育教学理念先进。随着网络信息技术在教育领域中的广泛应用，教

育信息化应运而生。微课是教育信息化发展的结果，它作为一种新的教育教学理念，在教育教学中起着不可替代的作用。随着网络信息技术的迅速发展，世界各国之间的交流与互动日益频繁。世界各地的人们打破了时间和空间的限制，可以随时随地进行交流和互动。网络信息技术在教育领域中的广泛渗透，改变了传统的教学模式，教师教学和学生学习可以不受时间和空间的限制，学生与教师之间的交流与互动可以在线下进行，也可以通过网络信息技术在线上进行。与此同时，在网络信息技术的影响下，教育教学模式不断改革和创新，一些新的教学模式也逐渐应用于教育教学中，例如翻转课堂、慕课、远程教学等，这些都为教师的教和学生的学提供了新的方式。

移动化、碎片化的学习模式应运而生，这种学习模式在很大程度上促进了学习者的学习。移动化强调的是打破时间和空间的限制，可以任意时间、任意地点进行学习；碎片化主要强调的是容量比较小，学习起来比较方便，这种学习方式是教育信息化发展的产物，有利于学生根据自己的学习情况自主建构知识。微课具有短小精悍、目标单一、主题明确的特点，这些特点与当前提倡的移动化、碎片化学习的要求不谋而合。微课不仅容量小，所占的内存也比较少，而且能够以多种设备为载体，有利于学习者随时下载、随时存储、随时学习。除此之外，微课中的微视频还有快进功能、快退功能、暂停功能、回放功能，这些功能的存在为学习者学习微视频带来了很大的方便。学生可以利用微视频的这些功能，反复观看微视频，将一些重点、难点、疑问等记录下来，与学生进行交流和讨论。微课的载体设备类型众多，学习者可以根据自己的情况选择合适的移动载体设备。总而言之，学生可以随时随地观看微视频，微课的产生使学习者真正实现了移动化、碎片化学习。

总而言之，教育信息化是信息化时代的一种必然趋势，它有利于教育教学模式的改革，有利于教育教学理念的创新，从而使教育教学模式和教育教学理念紧跟教育信息化的步伐，适应信息化时代的发展。微课是网络信息技术发展的产物，它需要先进的教育教学理念，只有这样，才能引领教育教学的发展。

（2）现代信息技术发展。信息技术已经广泛应用于各个领域，在此背景下，无线移动网络的覆盖率也在不断增加。无线移动网络能够为学习者的学习提供便利。近年来，随着移动手机的不断更新和换代，学生利用移动手机进行学习成为一种必然。此外，在信息技术、网络平台、大数据、云计算、应用软件等应用技术的推动下，移动终端实现了快速联网，同时它在教学中的应用也越来越普遍，这些都为微课在教学中的应用和发展奠定了基础。

随着信息技术的发展，信息技术对教育教学也产生了前所未有的影响。我国很多高校也意识到信息技术在教学中的重要性，并将信息技术应用于教育教学中。高校在利用信息技术辅助教学的同时，也开始重视信息技术与课程整合及信息技术与学科整合，这是教育信息化发展的必然。在当今时代，现代教育已经意识到信息化教学和人才培养模式的重要性，并利用信息化教学促进人才培养模式的改革，从而为社会输送高质量的人才。要想实现信息化教学，就应该重视信息技术与课程整合。近年来，英语教师也意识到现代信息技术在大学英语教学中的重要性，并将信息技术融入大学英语教学中。信息技术与大学英语教学的有效融合，有利于提高学生的学习效率，有利于提高大学英语教学的效果，更有利于实现大学英语教学的目标。

微课是教育信息化发展的必然趋势，将微课应用于大学英语教学中，能够促进大学英语教学的发展。微视频是微课教学的重要载体，微课教学的实施和发展离不开现代信息技术的发展。因此，高校必须为大学英语微课教学提供必备的现代信息技术支持。高校网络教学设备日益完整，网络信息化体系也日益健全，这些都为大学英语微课教学的顺利实施和开展奠定了基础。除此之外，当前大学生利用手机等移动设备进行自主学习的现象越来越普遍，在教学中，教师可以鼓励和引导大学生通过移动设备来观看微课视频，这样有利于促进大学英语微课教学的实施。

（3）学生自学能力优秀。微课要想在大学英语教学中顺利实施，还需要学生具有较高的自学能力。我国大多数大学生都具有较高的自学能力，这为微课在大学英语教学中的顺利开展奠定了基础。微课应用于大学英语教学，有利于激发学生学习的兴趣，调动学生学习的积极性和主动性，提高学生的创造能力和创新能力，提高学生的自主学习能力，是大学英语教学改革的必然结果。学生可以根据自身的学习情况和学习需要，通过微课来自主学习，获取知识。由此可见，学生的自学能够在很大程度上促进微课教学的发展，而微课教学的发展与应用也能够在很大程度上提高学生的自学能力，两者之间相互作用、相辅相成。

2. 英语微课教学的原则

（1）微而全原则。在微课教学中，微视频无疑占据着核心地位，但这并不意味着学生通过观看微视频就能收获学习成果，其他微课教学素材也扮演着不可或缺的角色，如微教案、微练习、微反馈等。“微而全”的微课教学才最有利于学生掌握学科知识与技能。“课”，其本意就是一个教学过程的单位，“课”的开展表现出时间限制性与组织性，一般而言，“课”所实现的教学目的仅仅是总体教学目标的一部分，但这个教学目的对其本身而言又是完整的。微课作为“课”的形式之一，要体现“课”的基本特征，彰显自身“微”的特色，即言简意赅、重点突出。

虽然微视频是微课教学最为重要的组成部分，但不能简单地将二者等同起来。综观当前各种微课教学比赛，参赛作品直接被规定为教学微视频，那些在比赛中取得优异成绩的参赛者，大都因为教学微视频的质量较高。不可否认的是，高质量的教学微视频是微课教学开展的基础，但由于教学的动态性特征，仅仅有高质量的教学微视频是不够的，其无法全面满足教学活动的要求。

微课模式之所以在英语专业实践课教学中推广开来，这主要是因为，与传统的教学模式相比，微课模式不但将静态的课本教材以一种动态的形式呈现出来，而且从学生注意力集中的时间出发，将冗长的教学过程浓缩为简短的教学微视频。因此，微课教学能够提高教学效率，改善教学成果。在应用微课开展英语专业实践课教学时，应当注意教学微视频配套资源的全面性，通过微练习、微反馈等帮助学生在观看教学视频后自主检测学习效果，并及时将学习情况向教师反馈。从这个角度而言，微课设计与传统课程设计存在相似性，即都需要从撰写教案开始，确定教学的目标、计划、重难点，开展教学实践，进行教学反馈。二者都体现了教学系统的完整性，只不过微课模式将教学的重要内容以微视频的形式呈现出来。

（2）适用性原则。在开展微课教学时，教师首先要进行选题，针对恰当的内容设计微课，这样才能保证微课教学的效果。对于英语专业实践课教学而言，并非所有的内容都适合用微课模式讲授，教师要根据具体的教学内容，在分析重难点的基础上，确定是否实施微课模式。微课是对传统教学模式的优化，在充分肯定传统教学模式优势的基础上，要积极应用微课弥补传统教学模式的不足之处，增强选题的适用性，选择恰当的教学内容，让微课成为传统教学模式的最好补充。根据认知负荷理论，人脑有效的认知负荷仅能保持十分钟左右，而传统的课堂教学时间较长，学生并不能有效掌握全部的教学内容，因此，需要通过一定的方式把一堂课的总体学习目标具体化，从而增强学生的自信，提高他们对知识的掌握程度。因此，教师在设计教学微视频时，要把时间控制在10 ~ 15分钟，让学生在相对舒适的状态下学习知识。至于那些包含复杂概念的教学内容，显然无法通过10 ~ 15分钟的时间展现出来，也就不适合以微课的模式进行授课。

以语法教学为例，语法知识是英语教学的一部分，浅层的语法知识可以开展微课教学，而那些深层的语法知识，学生在理解时需要调动先前掌握的知识，并在教师的详细讲解下借助立体化的思维方式才能掌握，如动词的各种用法，这就涉及动词变位、被动语态、形容词词尾等一系列的知识点，教师需要依据学生现有的学习水平、能力、接受程度等制订教学计划，并根据课堂教学的实际情况随时调整教学进度。基于此，在将微课模式应用于英语专业实践课教学中时，应当选择适宜的教学内容，尤其是那些在传统教学模式下收效甚微的教学内容，可以尝试制作相应的教学微视频，以微课的模式将其攻克。

（3）趣味性原则。学生在兴趣的指引下才能更高效地学习，在微课教学中，教师要想方设法地激发学生的学习兴趣，通过生动形象的教学微视频吸引学生的注意力，让学生在精力高度集中的状态下习得英语知识。基于微课教学模式，学生学习知识的主要来源就是教学微视频，这就要求教师花费充足的时间与精力进行微视频的制作，尤其是视频画面，一定要做到品质精良，演示效果丰富，这样才能在10分钟左右完全激发出学生的学习兴趣，让学生保持充足的学习热情。为了达到这样的目的，教师必须从自身出发，提高信息素养，做到游刃有余地运用各种微课教学所必需的信息技术。微课的应用为大学英语专业实践课教学注入了新的活力，原本枯燥的教学内容以微视频的形成呈现在学生面前，学生在趣味性的环境中学习英语知识与实践技能，长此以往，英语专业素养也能够得到提高。

（4）操练性原则。学生在学习英语的过程中，大量的时间被应用在理论知识学习上，实践性的语言操练机会较少。学习英语的根本目的是应用，要想具备使用英语进行交际的能力，就必须开展大量的语言实践操练，尤其是在英语专业实践课教学中，教师更要注重为学生提供语言操练的机会，让学生在实践中提升语言能力。

（5）发展性原则。微课模式在英语实践课教学中的应用要想走向成熟，就必须不断发展，除了英语教师的精心设计以及学生的密切配合之外，学校作为英语教学的主阵地，也要大力支持微课模式，尤其是硬件方面，学校要加强对现代信息技术的引入，依托各种信息化设备为英语专业实践课教学创建多元化的多媒体教室，从而保证微课教学的顺利开展。与此同时，学校还要从根本上对微课模式予以肯定，由于这种新型教学组织形式与传统教学组织形式存在较大区别，更要鼓励英语教师勇敢尝试，鼓励学生积极参与。

总而言之，微课在英语专业实践课教学中的应用并不是一个简单的过程。微课设计要做到微而全，微课内容的选择要做到真正适合学生，微课教学环境要充满趣味性，微课模式要与传统教学模式互补，微课中要具备实践操练性的内容，与此同时，还要时刻关注微课在英语专业实践课教学中的发展，让学生切实体会到这种模式创造出的可观的学习成果。

3. 英语微课教学的实践要求

（1）院校方面的要求。伴随着信息技术在教育领域的不断渗透，微课作为一种新兴的教学模式在各大高校推广开来，就当前取得的教学成果看，微课模式有着十分广阔的发展前景。过去，微课在高校教学中的应用表现出零散化的特点，即只有少数教师在开展某些课程时应用这一模式，如今，越来越多的教师开始将微课与自己的学科教学结合起来，微课教学模式也逐渐变得规模化、集成化与具体化。

为了进一步推动微课在英语专业实践课教学中的应用，院校要承担起相应的责任，首先保证微课教学有施展的场所，也就是建设更为完善的多媒体教室，配备更为丰富的多媒体设备。其次，由于视频是微课教学的主要资源，教师需要将制作好的教学微视频上传至教学平台，学生登录账号在平台中观看，这个过程离不开网络的支持。因此，院校要着力建设校园网络，让学生不论身处图书馆还是自习室，都能随时观看教学微视频，学习其中的内容。最后，微课教学模式中，教学微视频的制作往往要耗费教师大量的时间与精力，如果教师将制作好的教学微视频上传至共享平台，此后其他教师讲授到相同内容时就可以借用这些视频资源，这不仅有利于减轻教师的教学压力，还能够促进教师团体之间的沟通与交流。

（2）教师方面的要求。微课应用于英语专业实践课教学，关键在于教学微视频，高质量的教学微视频才能促进学科教学的发展，因此，英语教师必须提高对自己的要求，从而制作出精良的教学微视频。

第一，英语教师乐于在教学中应用微课这是十分值得肯定的，与此同时也要意识到，长期以来，我国的大学英语教学都是在传统课堂中进行的，微课模式绝不可能取代传统的课堂教学，二者必须结合起来，各自发挥优势，共同致力于英语专业实践课教学的发展。

第二，微课教学模式是在教育信息化的背景下产生的，教师能否熟练应用相关信息技术成为微课教学的重要影响因素，所以，英语教师必须不断学习，从而提高现代信息技术的应用水平。为了弥补传统教学模式趣味性的缺失，教师要制作出有趣的教学微视频——不仅画面生动，而且配音字幕使用得当，这就要求教师具备制作教学演示文稿（PPT）、使用录屏软件以及配备声音与字幕的能力。其中，声音的配备要求英语教师对教学内容一一朗读，因为在英语专业实践课教学中，英语发音格外重要。学生在观看教学微视频时，大脑能够接收到良好的语言刺激，在此基础上进行跟读，才能形成正确的发音，养成良好的语言习惯。

（3）学生方面的要求。不论传统教学模式还是微课教学模式，教学服务的对象都是学生，教学所要达成的目标也都是提高学生的学习效果，所以，任何一种教学模式都要注重学生的作用，为学生创造良好的教学环境，调动学生的学习积极性，这也是微课教学的应有之义。在基于微课的英语专业实践课教学中，学生更乐于在课前和课后观看教学微视频，这两个阶段的学习都没有教师的参与，因此，需要学生发挥主观能动性，开展自主学习。

在课前预习环节中，面对未曾学过的知识点，学生要表现出精力高度集中的学习状态，有目的地观看教学微视频。视频观看完毕后，回想自己学到了哪些知识，还有哪些不懂的问题，这些问题哪些需要与同学探讨，哪些需要向教师请教。另外，为了检测自主学习成果，学生需要完成教师设置的配套练习，这样才能明确自己的学习情况。在课后复习环节中，学生借助教学微视频查缺补漏，对于自己的薄弱之处多次观看教师的讲解，从而全面掌握课堂教学内容。除此之外，微课也可以应用在课堂教学环节，只不过大多数学生认为，课堂要以聆听教师的讲授为主。其实，在课堂中播放教学微视频能够调动学生参与教学活动的积极性，有利于提高学习效率。

英语教学的实践性本身就很强，英语专业实践课教学更是如此，实践课开展的目的就是促使学生在扎实掌握语言知识理论的基础上，形成语言实际运用的能力。在微课教学视频的辅助下，学生可以跟读，并反复练习相关句型，正所谓熟能生巧，大量的练习必然能够帮助学生获得许多英语实践运用的技巧。总而言之，学生必须成为一个自律的人，用良好的自主学习习惯收获更多的英语学习成果，也让微课教学体现出其存在的价值。

4. 英语微课教学的应用

（1）微课在英语词汇教学中的应用。

①以精简的词汇教学，激发词汇学习热情。微课教学模式有短小精悍的特点，此特点正与大学生的学习特点相符合，它能够在最短的时间内吸引学生的注意力，激发其学习兴趣，进行更为集中性的学习。在实际的大学英语词汇教学中，教师需要根据教与学的实情对教学内容进行有效精简，以此来激发其英语词汇的学习热情，提高词汇学习的效果。在词汇教学运用微课教学模式之前，教师必须要做好充分的准备，要精心挑选词汇教学内容，提升词汇教学的趣味性。教师在教学中采用精简性的词汇教学方式能够提高学生对词汇学习的热情，这能使学生在极短的时间内理解并记忆已学的词汇，构建更为完整的词汇知识体系。

②凸显重点，提高词汇教学效率。微课之所以成为“微”课就是因为视频较短，一般不会超过 10 分钟，在精短的视频中难以将全部的内容都容纳进来。因此，教师在进行词汇教学的过程中必须要对重难点的词汇进行挑选，以便凸显词汇教学的重难点，并以此为基础设计各环节的实践教学活动，提升微课词汇教学的质量。在词汇重难点的选择方面，教师通常是以频率来判断的，如在学习相关内容时，若干英语词汇出现的频率较高，这时教师就可以针对这些词汇制作

短视频，有针对性地进行讲解，这样既能缩短词汇教学时间，还能让学生用掌握的词汇技巧来进行词汇学习，能够取得事半功倍的词汇教学效果。

③增强学生对词汇的理解。传统的讲解、记忆词汇教学模式已经无法完全满足学生的实际词汇学习需求，微课教学模式具有较强的灵活性、趣味性及有效性特点，教师需要加强对微课教学模式的进一步创新，以便于学生更具针对性地理解所学内容，构建完整的知识体系，吸收与消化英语词汇。大学英语教材中有大量固定搭配性的词汇实践教学内容，针对这些词汇的学习，教师制作的微视频可以从简单的记忆向词汇语句翻译过渡，并适当调整课堂问答的内容，促进学生顺利地掌握及灵活应用固定搭配，提高词汇学习的效果。

④观看微课视频，使学生积累英语词汇。英语水平的提高，除了学生日常好好听讲之外，还需要学生主动地进行课外拓展阅读。微课视频能够帮助学生提升语言素养，提高写作能力。例如，大学生都喜欢看电影和动画，就是因为动画片和电影是动态的，人物的设定和说话的语气都符合学生的心理，并且电影具有情节性，更加会抓住学生的兴趣。因此，教师就可以抓住学生这一心理，选择生动的电影视频作为微课视频进行播放。

⑤使用微课设立具体情景。学生英语成绩的取得需要学生扎实的基础，学生需要能够牢牢地掌握足够数量的英语词汇，因此，微课可以很好地帮助学生提高这种能力。英语教师在上课之前要做好充分的准备，制作微课时要注意设计和收集一些能够与大学生的生活环境贴切尤其是其比较熟悉的真实场景，并且能够调动学生的积极性，吸引他们的注意力。教师要善于利用微课将学生脑海中的意识和认知转换到现实生活中的真实场景，不断满足学生的好奇心和喜欢探索未知世界的心理。由于有了这种前所未有的体验，学生会对学习词汇产生兴趣，以一种轻松愉快的方式牢牢掌握词汇，还能提高学生的英语口语能力。

总而言之，在互联网时代信息技术飞速发展的背景下，微课已经成为大学英语教学的模式之一。在微课教学中，微视频使得原本枯燥乏味的词汇学习变得生动有趣，学生可以在这样的学习环境下深化对英语词汇的理解，增强对英语词汇的记忆。英语教师将各种词汇学习的技巧展示在教学微视频中，学生在了解并掌握这些技巧之后，英语词汇学习的效率自然得到较大提高。因此，在实际的大学英语词汇教学中，教师需要对这种方式进行深入性分析与研究，为学生后续英语学习之路的顺利推进奠定基础。

（2）微课在英语口语教学中的应用。在大学英语口语课堂教学中应用微课，主要包括课前、课中以及课后等不同阶段的应用内容。

①课前引入微课教学。课前预习阶段是微课发挥作用与价值的重要阶段。基于微课教学模式，英语教师可以事先将教学微视频发送给学生，学生跟随教学视频的节奏，完成本堂课的口语预习任务，从而为口语课堂教学的开展奠定基础。为了保证微课在大学英语口语教学中的效果，教师应制作精良的教学微视频。在教学微视频中，应当着重突出课堂教学的主题，并把教学目标、教学重难点等内容明确展示出来，这样学生能够有的放矢地开展自主学习。教师要注意将视频时长控制在 10 ~ 15 分钟，从而不至于引起学生的反感。此外，微课教学视频中的英语发音要做到口齿清晰，让学生能够模仿并学习。

微课教学视频制作完成后，英语教师可以将其上传至网络教学平台，一方面，学生能够根据自己的需要随时观看教学视频，对于难以掌握的口语知识点反复多次观看，实在理解不了的内容则及时记录，以便在课堂教学中向教师寻求帮助；另一方面，其他教师也可以借鉴此教学视频，这种教学资源的共享能够无形之中缓解英语教师的教学压力，让其有更多时间对学生开展针对性辅导。

②课中应用微课教学。大学英语口语教学的课时较为有限，将微课模式应用于口语教学中能够在一定程度上解决这个问题，因为在教学视频的辅助下，课堂教学时间得到了优化。在课中应用微课教学，教师只需要将时间花在为学生讲解重难点内容上即可，其他容易理解的知识学生可以通过观看教学微视频掌握。此外，微课模式还使得英语口语教学的实践性有所增强，学生获得了更多的口语练习机会，日常交际、求职问答等均能在课堂中加以训练，学生的口语表达能力也能够得到提高。

③课后练习应用微课教学。大学英语口语教学质量之所以提升缓慢，原因之一就在于学生的课后巩固与复习效果不佳。将微课应用于学生的课后练习中，学生可以通过观看教学视频完善自己的口语知识体系，并尝试将知识点以灵活的方式应用到日常交际中，能够在无形中优化学生口语学习的效果。

（二）现代教育技术下的英语慕课教学

慕课是一种在线课程，它具有大规模、开放性，慕课的大规模一般体现在三方面：第一，从课程内容上而言，数量较多且较为复杂；第二，从服务对象而言，接受服务的学生数量非常多；第三，从影响力上而言，世界上任何一个角落里的人都可以学习该课程。慕课的开放性主要体现在：一方面，学习空间开放，不仅在校学生可以利用慕课课程学习，社会人员也可以利用慕课课程学习；另一方面，学习资源开放，所有人都可以自行下载课程资源，且课程是免费的，课程的内涵十分丰富，不仅包括各种主题提纲、教师讲授内容视频，而且还包括学习资料、学习注意事项等。总而言之，慕课是一种十分开放、规模较大的网络课程，将慕课与英语教学相结合，能更好地推动英语教学的发展。

1. 慕课对英语教学的意义

（1）创造英语语言使用环境。由于没有英语环境，学生在学习英语的时候经常面对理论知识无法实践应用的情况，这就对学生学习英语产生了一定的影响。慕课的出现能够解决这种问题，慕课可以为学生创设良好的语言环境，使学生接触地道的英语，并且慕课还搭建了国际交流的平台，学生可以在慕课平台中与世界各地的英语母语者进行交流，从而提高学生的英语表达能力。

（2）提供专业能力培养平台。慕课资源是教师开展慕课教学的基础，它可以将线下和线上的资源进行整合，从而发挥出更大的作用。随着科技的发展，慕课教学平台的建设也逐渐完善起来。在慕课平台上，有很多与专业有关的英语知识，学生可以结合自己的专业学习相关英语。因此，慕课为英语专业能力的培养提供了平台。

（3）完善英语教学的模式。大学英语教学中应用慕课主要是为了改革英语教学的模式。慕课作为一种现代信息技术支撑下的新型教学模式，可以对大学英语教学模式进行创新，对英语教学内容进行创新，教学内容以视频的方式呈现。在慕课视频内容中，学生必须集中自己的注意力，在结束视频之后进行自我测试，通过了慕课的测试才能进行下一个阶段的学习。例如，在大学英语的精读课视频中，教师先对教学的重难点进行梳理，从而使学生在视频开头就能明白学习要点，在精读视频课程学习之后，学生需要通过一些问题的测试之后才能开始下一个精读视频的学习。教师主要将课文作为视频材料，制作成视频以供学生观看。

（4）增强英语学习的乐趣。慕课可以运用声音、图像等将英语知识呈现出来，这让学生可以了解到更加直观的知识，从而有利于其学习。以往学生无法自主选择学习的知识，教师是知识的传授者，学生是知识的接受者，教师主导学生的学习进度，而慕课则给予学生较大的自主权，在慕课模式下，学生的潜能得到激发，思维更加活跃，学习英语也成为一种发自内心的自觉行为。而当英语学习是出自学生的兴趣时，其才能真正投入到英语学习中，享受学习，并最终获得扎实的知识与较高的技能。

（5）扩大学生英语知识储备。课堂学习的方式是帮助学生学习英语的主要方式，在大学英语课程中，英语课程的课上时间比较少，英语课堂学习的时间是有限的，因此，学生学习英语能够利用的课堂时间是有限的。慕课的出现就解决了这种问题，慕课在教学中主要使用网络平台，可以使学生随时随地学习，极大地扩展了学生学习英语的范围，对丰富学生的英语知识十分有利。

2. 英语慕课教学的机制

（1）搭建联盟平台，打造英语特色课程。当前很多高校开设了自己的慕课平台，有些课程也获得了很高的点击量，在信息技术深入发展的当下，更多的高校也应该积极投身慕课平台的建设，高校之间应该秉承团结合作的原则，以不同的学校类型或者不同的区域等作为划分，共同构建慕课联盟平台，研发出精品课程，从而让学生可以接受本校之外的优质教学资源。对于那些在慕课平台下积极学习并按时完成课程的学生，学校可以给出学分证明或者其他类似方式的证明材料，并且逐步推进校际之间学分互认体系的实现。

高校在组建慕课平台的同时，应凸显出自己的核心专业以及特色课程的建设，集中优秀教师力量进行课程的开发与录制，争取创建出一大批优秀的课程，并且积极传播这些优秀的教学资源，这显然能为学校树立更好的形象，同时也能让高校在教育领域获得一席之地。

（2）实施开放式课堂，完善英语教学。与传统的教学模式不同，开放式课堂教学的学分管理制度更为多样，不仅包含学分互认，还能做到线上线下教学的融合，这些都是在慕课影响下传统课堂做出的变革。基于慕课视角下，开放式课堂显然能激发出学生学习的主动性，在慕课平台上有海量的优秀视频资源可以供他们选择、学习，并且也能培养他们的思辨能力、创新精神。可以把传统的课堂看作“线下”教学，将基于慕课平台开展的教学看作“线上”教学，这二者共同构成了开放式课堂，从本质上而言，开放式课堂就是传统教学与慕课平台的有机结合。

①线上。在慕课平台上，学生可以自主选择课程进行自学，他们的学习过程可以简单概括为四部分：观看视频、完成练习、在线交流、信息反馈。慕课平台的意义可以得到延展，不仅仅涵盖传统意义上的三大慕课平台，还可以包括各高校自主搭建的慕课平台，不断研发的各类网络资源学习平台也扩充了慕课平台的范围。除此之外，学生应该认真对待慕课平台的学习，不应将其仅仅看作“预习”环节，这与翻转课堂课前观看视频是截然不同的，在慕课平台上，学生应该集中精力将涉及的知识点进行全部内化。

②线下。在线下，学生是带着“准备”去上课的，教师也是带着“准备”去授课的，这种目的明确的教学显然能达到很好的教学效果。学生的“准备”涵盖两方面的内容：第一，学生对课堂要点已经进行了深入学习，是带着对知识的理解来上课的；第二，在学习的过程中，学生有了一些收获，同时也会有一些疑惑，这些成果与疑惑都是“准备”的内容。

对于课堂教学而言，教师的“准备”就显得更加重要，在课前，教师需要收集学生在慕课平台上遇到的知识点，并且提前做好知识点的整合等工作。在授课时，教师需要将这些疑难点进行合理安排，并设计丰富多彩的课堂活动让学生能够讨论这些话题，这样就可为学生构建出高效的讨论氛围，教师就能真正发挥出课堂引导者的作用，当学生需要帮助的时候，就可以给他们提供合适的帮助，此时，教师应打破传统课堂的布置模式，采用一些新颖的布置格局，如圆桌式等，利于教师照顾到所有学生，并能及时解答学生的提问，同时这也可以创造出一种更为轻松愉悦的氛围，从而给课堂增色。

③开放式课堂教学的优势。

第一，利于实现学习过程的循环。知识的学习需要通过三个过程实现：首先，需要对知识进行领会；其次，需要巩固知识；最后，需要将知识灵活运用到实践中。在开放式教学模式下，教学的场所更为多元化，学习过程与以往相比也有了很大的变化，一些理论知识等方面的内容可以放到课后让学生自己去消化，在课堂上，师生能有更多的时间坐在一起进行知识的探究，如果遇到问题，就可以得到及时解决。

第二，开放式课堂教学营造了更和谐的师生关系。学生在线上进行学习的时候，如果遇到不懂的问题就可以在讨论区与同学相互讨论，有利于疑难问题的解决。同时，由于慕课资源是比较开放的，许多学习者都可以将一些不同的学习经验告诉老师，也可以启发老师进行课程教学的优化，从而利于慕课平台的发展。学生在线下学习的时候，教师可以将所学的知识进行搜集整理，并且提前构建课堂情境，尽量为学生提供一种比较舒适的交流氛围，让不同学生的思维得到碰撞。相较于传统的课堂，学生有了更多的机会与老师进行交流，能够构建一种更加和谐的师生关系。

（3）建立多元化的英语评价标准体系。大学英语课堂教学也需要有合适的教学方法与之相匹配，通过对教学质量进行评价，可以促进教学向着更为高效的方向发展。与传统的课堂相比，开放课堂有了更为多样化的选择，因此，在进行评价的时候也应该选择多样化的评价体系。

①对教师“教”的评价。与传统课堂相比，开放式课堂教学的评价主体更加多元化，课程是开放的，所以只要是学习课程的人都可以对课程进行评价。可以从注册人数上看到学生对课程的认可程度，如果注册的人数很多，那么显然有更多的人喜欢这个课程。学生应该按照教学的进度在一定的时间段内完成调查问卷，这样就可以反映出教师的教学状况。此外，慕课拥有讨论区，教师也可以从讨论区中看到学习者的评论。

②对学生“学”的评价。在传统的课堂教学中，纸笔考试是评价学生最为合理有效的方法，多样化课堂教学的开展也为评价提供了更多可能，这显然利于形成性评价的开展。对学生的考核主要是通过线上与线下两方面实现的，在线上，通过测评其客观题的答题情况查看学生知识的掌握情况；在线下，还是通过安排统一考试的方式，以教师评价以及学生自评的方式开展。对于不同部分评价在总评价中所占的比例，可以由教师自主决定。

（4）建立学校、教师、学生三元策应机制。

①建立学校层面机制。

第一，制定慕课联盟平台建立制度。慕课联盟平台是一个大型的平台，它的建立和运用需要多个不同高校之间加强合作才能实现，这个平台的建立能够使多个高校都受益。对于高校而言，要采取必要的措施来管理和规范慕课联盟平台，从而协调解决一些常见的问题，从宏观的层面监督慕课联盟平台的运行。

第二，制定学分互认互换细则。慕课可以在一定程度上实现学分的互认互换，这就需要学校层面的有关部门根据实际情况制定详细的操作细则，从而确定具体的学分互认互换策略。

第三，关注传达动态信息，统筹管理。在高校的教学中，慕课能够为学生提供一种开放式的学习课堂，从学校的层面进行分析，慕课联盟平台的构建与运行以及慕课的实施这些都离不开高校管理层的支持和管理，因而各个高校的管理层相关人员都需要时时关注学校的动态信息，从而根据大环境的变化做出调整，并积极应对问题。

②建立教师层面的机制。

第一，积极转变教育观念。慕课是一种十分先进的教学理念和教学模式，给传统教育模式带来了一定的影响，因而从教师的层面进行分析，教师也要做出相应的调整和改变。教师先需要做的就是更新自己的教育理念，即教师在教学中要转变自身的角色，要用科学、客观的态度来对待慕课，端正对慕课的态度，抛弃陈旧的教学理念，加强自身的学习，确定正确的教育理念。

第二，掌握信息技术手段。目前，很多高校都尝试着把先进的现代教育技术引入高校的英语教学中，这就对高校的英语教师提出了较高的要求，高校的英语教师一定要学习和掌握一定的信息技术手段，这样他们才能够在教学实践中得心应手地运用这些教育技术。慕课的本质就是一种大规模开放性的课程，它的运用离不开计算机，因而高校的教师一定要学习和掌握计算机的基本操作，掌握一定的信息技术理论和实践知识，从而更好地指导学生的英语学习活动。在教学中，很多高校都会根据实际情况要求教师参与慕课的建设和制作，这也是对教师信息技术的一种挑战，需要教师调整心态、积极配合完成。

第三，提升教育教学能力。虽然慕课是一种开放式的课堂，然而教师在慕课教学中依然发挥着重要的作用。需要强调的是，在慕课教学中，教师对学生的学习能够起到引导和帮助的作用，这就需要教师不断提升自我，不断提升自身的教育教学能力，教师才能够在慕课的教学中游刃有余地指导学生开展自主学习，为学生提供更加优质的慕课资源，并教会学生利用慕课开展自主性学习。

第四，准确定位自身角色。在慕课这种开放式的教学中，教师一定要明确自身的角色定位，才能更好地指导学生的学习，即教师是一种引导者和合作者的角色。对于高校的教师而言，他们不仅在教学的过程中运用慕课，他们也很有可能会参与学校的慕课制作，因而教师又扮演合作者的角色。在慕课教学中，教师的地位提升了，教师的工作也变得更加多样化，其表现在：首先，学生自主地利用慕课开展学习活动需要教师的及时指导，教师需要教会每个学生学习的方法；其次，教师需要根据学生的自主学习反馈情况进行总结，并根据学生的学习情况创设一定的学习情境和探究性的活动等；再次，不同的学生学习水平有差异，教师要给予这些学生不同的指导；最后，当学生已经学习完相关的慕课课程之后，教师需要对各项知识点统一进行梳理并使学生在头脑中形成知识的体系。由此可见，在英语的慕课教学中，教师发挥着不可替代的作用。教师是课堂的主导，学生是学习的主体。

③建立学生层面机制。

第一，提高资源选择的能力。对于高校的学生而言，通过学习这种开放式的慕课课程，不仅能够学习优质的课程资源，还能够通过慕课学习掌握一定的自主学习能力，这种能力对学生将会产生深远的积极影响。从理论的视角进行探讨，慕课能够为学生的学习提供多样化的优质学习资源，学生就具有了比较大的选择空间。学生在选择教学资源的过程中需要教师的耐心指导，这个过程也能够逐渐提升学生的资源选择能力，对于学生将来的工作也是十分有利的。在信息技术时代，每个学生在日常生活中都会接触到网络，都会接触到大量的信息资源，如何在大量碎片化的信息资源中找到对自己有用、有价值的资源是一项技能，它考验学生的信息分析能力、专业能力以及判断力等综合能力。

第二，把握慕课课堂与传统课堂的关系。对于高校的教师和学生而言，在运用慕课开展英语教学的过程中，还需要适当地处理好慕课课堂与传统课堂教学的关系，即二者并不是一种完全对立的关系。由于各种实际因素的限制，慕课的应用范围会受到一些限制，因而在高校的英语教学中，传统的课堂教学还占据着重要的地位。慕课课堂和传统的英语课堂之间的关系就是一种互相补充的关系，教师在英语教学实践中一定要处理好二者之间的关系，这样教师才能够利用慕课课堂提升学生的英语学习效率，并激发学生的英语学习兴趣。

第三，领会自主学习方法。在开放式的慕课教学中，学生需要根据自己的学习需求选择适合自己的学习内容和方法等，学生需要主动思考，主动来做出各种选择，自主开展自主学习，整个过程能够提升学生的自主学习能力。

3. 英语慕课教学的应用

（1）慕课在英语听说教学中的应用。

①构建专业精的教师团队。将慕课应用于高校的英语听说教学中是一种创新，这种混合式的教学模式能够为英语听说教学带来全新的活力，然而这种混合式的教学模式也为高校教师提出了更高的要求，即高校必须要构建一支具有较强专业能力和信息技术能力的教师团队来开发和维护慕课平台的运行和安全等，从而保障英语慕课的顺利开展。此外，这支教学团队一定要更新教学的理念，在教学中始终做到以学生为中心，从根本上提升学生的英语听力水平和口语水平。

②打造强大的慕课平台，丰富线上教学元素。慕课的制作以及运用都离不开网络这个平台，对于高校而言，需要不断更新和维护自己学校的网络平台，在固定的时间对学校的网络平台进行维护，从而使网络的运行更加顺畅，也能够使学生获得比较良好的英语慕课体验，这能够吸引学生的目光，提高大学生的英语学习乐趣。此外，各个高校还应该大力提升学校的信息技术，使校园的每个角落都覆盖上无线网，以便于学生利用碎片化的时间学习英语知识。

在大学英语教学中，英语教师需要录制一定的英语听说慕课视频，通常这些慕课的录制时间都比较短，一般在10分钟的范围之内，因而这就要求教师一定要保证慕课视频的质量。从英语听力的内容角度进行分析，教师可以选择高校英语听力的技巧以及大学英语四级、六级考试的听力技巧等内容，教师还需要在慕课视频中设定相应的练习题目供学生参考使用；从英语口语的内容角度进行分析，教师可以选择高校的语音知识、英语文化以及口语的常用句型等内容，教师也要设定相应的练习题目供学生参考使用。除此之外，教师还需要在网络上面注册互动论坛，方便教师和学生的沟通与交流，提升学生的自主学习信心。学生可在论坛上提出任何与听说学习相关的问题，并由教师进行解答，其他学生也可跟帖交流，共同分享、相互切磋、携手进步。

③推动传统课堂改革、完善线下教学。对于听说习得而言，进行面对面的语言输出、交流与反馈是至关重要的。虽然慕课具有非常多的优势，但是这种

教学模式也只能作为听说课堂的一种重要补充，是无法替代英语听说教学中的课堂教学的。混合式教学模式使各种关于听说的理论知识实现了网络在线讲解，学生能够在课下利用碎片化的时间自主地掌握理论知识，从而突破传统课堂在时间与空间方面的限制，将传统的理论灌输的教学模式转变为任务驱动型教学模式，也能够实现教学目标由理解、记忆知识向应用理论与提升技能转变。基于这一点，高校应当积极对传统的听说课堂教学进行变革，将混合式教学模式有机地融入听说教学之中，实现传统课堂与在线网络教学的有机融合，不断满足学生的多元化需求，进而促进英语教学水平的提升。

在课前的慕课中，学生可能会或多或少地遇到一些问题，在线下课堂中，教师可以针对学生所遇到的问题进行深入分析，帮助学生解决问题。需要注意的是，在教学内容上，应当将重点放在知识的运用以及听说技能的训练上。在听力方面，针对线上学习中存在的比较普遍的问题进行集中练习，有效缩短听力练习的时间；在口语方面，注意多种方法的灵活采用，如对话、演讲、展示等。在对课堂任务进行设计时，要最大程度地对现实的生活情境进行模拟，并积极引导学生根据要求进行针对性训练，不仅能够营造良好的学习氛围，而且能够有效地激发学生的自主性与积极性，促进学生英语能力的提升。

④重建课程评价考核机制。在英语教学中，评价考核是非常重要的一环。通过评价考核，教师能够对学生的知识掌握情况形成系统的了解，学生也能够发现自身存在的不足。在混合式教学模式下，学生的学习、互动与考试有机地融合为一体，使评价考核的形式更加多样化，能够全面地展现学生的学习情况。因此，教师应当对英语听说教学的课程评价考核机制进行重建，将学生的课堂表现、作业情况、期末成绩与线上学习的各种表现结合起来进行评价，与此同时，还要将教师评价同学生互评及学生自评相结合，从而得出最终的评价考核结果，这种评价考核形式具有非常明显的优势，主要体现在重视评价对象的素质发展、强调评价主体的多元化、尊重学生的个体差异。总而言之，这种评价考核方式不仅使教师的主导作用得到有效的发挥，而且可以充分发挥学生的主体作用，有助于激发学生的积极性与主动性，促进学生听说技能的提升。

⑤培养学生自主学习能力策略。虽然慕课作为一种新兴的教学形式，具有非常明显的优势，但是，需要注意的是，慕课毕竟需要通过网络来开展学习，

容易使学生在使用网络的过程中受到诸多因素的干扰，进而对学生的线上学习造成影响。因此，运用慕课开展教学活动时，应当重视教师的引导、启发与监督，及时对学生的不良学习行为进行纠正，以保障教学活动的顺利进行。

对于学生自主学习能力的培养，教师需要注意：第一，在学生开展自主学习之前，教师应当采用各种方式对学生的现有学习水平形成系统的把握，并指导学生制订适合自己的学习目标。在每次慕课开始之前，教师要制订好导学提纲，使学生对每次课程的学习目标与任务产生明确的认识，积极运用在线分享、在线答疑等方式进行教学互动，并且营造和谐、宽松的学习氛围，使学生对课程的评价方式有清晰的了解，重视学生内在学习动机的激发。第二，指导学生根据自身的实际情况制订合理的学习计划，既要制订长期的学习计划，也要制订短期的学习计划。此外，教师还要为学生提供丰富的、合适的学习资源，并使学生掌握有效的学习策略。在学生开展自主学习时，教师要为学生个人及班级整体提供有效的学习策略的指导，鼓励学生根据自己的实际情况选择适合的学习方法，并对学生的学习情况及时进行跟进并及时帮助学生进行学习策略的优化。

（2）慕课在英语写作教学中的应用。

①慕课应用在英语写作教学中的作用。

第一，慕课环境下能够快速获取英语资料。在传统的英语写作教学中，学生的写作资料通常是从书籍中获取的，但是书籍的资料比较有限，而且查阅起来也需要耗费一定的时间与精力，很多时候学生往往很难获得真正适合自己的资料。慕课教学使这一问题得到了极大的缓解，在网络的辅助之下，学生可以随时随地且非常精准地获得自己所需的写作资料。此外，学生利用慕课网络针对英语写作的相关问题展开交流，也能有效地拓展学生的思维。

第二，慕课环境下能够扩展学习空间。在英语写作教学设计中，教师可以有针对性地选择一些优质的英语慕课，使学生更多地接触世界名校的优质课程，进而激发学生学习英语写作的兴趣与积极性，促进自主学习能力的不断提升。此外，在慕课平台中，学生可以自主地搜集相关的写作资料，查阅各种优秀的写作范文，掌握一定的写作技巧，并运用于自己的写作实践之中，不断提升自身的英语写作能力。

第三，慕课环境下能够优化教学资源，提高教学效果。英语写作是借助英语这种语言将自身对客观世界的认识通过书面的形式展现出来的活动，英语写作能力的提升需要长期的积累。慕课平台在网络技术的支撑下，具备资源共享性、开放性、互动性等诸多优势，学生借助于慕课平台，可以查阅各种优秀的英文篇章，还可以阅读其他学生的作文，学生不仅能够学习到优秀篇章的写作技巧，还能够在与同学的对比中发现自身的不足，从而不断修改、完善，促进写作能力的提升。

②慕课环境下英语写作教学模式。

第一，以慕课教学平台为切入点。学生在开展英语写作之前，需要做好诸多准备工作，当教师在慕课平台上发布了具体的写作话题之后，学生应当分组进行讨论，与组员进行交流，积极发表自己的见解，并且主动搜集相关的写作资料，为下一步的写作做准备。除此以外，在写作时，学生应注意良好的写作习惯的培养，在写作构思上应当多加重视，将自己的观点用英语正确地表达出来，切忌出现文不对题、思维混乱、逻辑不通等问题，要注意避免语法错误的出现。与此同时，应当注意英语思维与汉语思维的差异，遵循英语语言的表达习惯与行文特点，确保文章结构正确，表达流畅。总而言之，在慕课平台中开展英语写作教学，教师需要引导学生寻找写作的切入点，及时对学生进行引导并纠正学生存在的不足，帮助学生不断提升英语写作水平。

第二，慕课学习环境的构建。学生在根据写作主题完成写作之后，可以将作文上传到慕课平台上，教师则及时在平台中检查学生的写作情况。由于学生在英语水平与思维方式上存在不同程度的差异，学生的作文所体现出的差异也非常显著。教师应当及时发现学生写作中存在的各种问题，及时进行指导，引导学生不断对作文进行修改完善，在这一过程中促进自身写作水平的提升。与此同时，教师还可以选择一些优秀的作文作为展示范例，供学生参考与借鉴，使学生积极学习他人的长处，并及时发现自己的不足，进而取长补短，不断完善自己。

第三，慕课平台下英语写作模式的实施。在慕课平台下开展英语写作需要注意两个方面的内容：一方面，教师要积极主动地为学生提供相关的写作素材与丰富的写作资料。慕课作为一种崭新的教学形式，具有高度的系统性，教师应当充分发挥慕课平台的优势，在充分把握学生的英语水平的基础上，为学生提供丰富的学习资源，也可以在慕课平台中为学生设置一些相关资料的链接，使学生在需要时可以快速、准确地获取。此外，教师还要引导学生对自己的英语作文进行及时存档，使学生在不断的写作学习中发现自己的不足，并积极借鉴别人的长处，促进自己写作水平的提升。另一方面，慕课教学对学生的个性化学习非常重视，因此，为了使学生的个性化学习取得更好的效果，教师应当重视慕课平台中各种资料的整合，使各种资源得到优化配置，从而激发学生学习英语写作的兴趣。需要注意的是，英语写作能力的提升单纯依靠写作能力的训练是远远不够的，英语写作本身就重视对学生的英语综合能力的考查。因此，教师在运用慕课平台时应当注重为学生提供更加多元化的资料，重视学生英语综合能力的培养，这一点对于学生写作能力的提升也是至关重要的。

第二节　跨文化背景下的当代英语创新教学体系

一、跨文化背景下当代英语教学的意义与内容

（一）跨文化背景下当代英语教学的意义

1. 跨文化背景下当代英语教学的现实意义

语言与文化相互影响，并由交际连接起来。人们学习语言与文化的经历会对其思维的形成与发展产生一定的影响，正因为如此，说着不同语言、处于不同文化背景中的人才会形成不同的思维模式，而思维是交际的基础，有着怎样的思维模式便有着怎样的交际习惯，这表明，语言、文化与交际之间的关系是非常密切的，他们彼此总是相互影响的。人们在运用语言交际的过程中会将自身的价值观、思维习惯等文化层面的内容表达出来，而社会文化又在一定程度上给语言提供了形成与发展的“营养基”。交际则是作为一种中介，将语言与文化紧密地连接起来。

语言、文化与交际之间密切的关系对外语教学产生了一定的影响，语言教学即文化教学，这种观念甚至被传播开来。早期的外语学习是一种单纯地停留

在语言本身上的学习，虽然早期的语言学习确实也让学习者具备了一定的语言技能，但是这并不意味着这种学习是一种真正意义上的语言学习，这是因为学习者只是获得了一个与母语不同的符号系统，该符号系统是单纯的语言系统，学习者并没有掌握外语的文化符号系统，这导致学习者在使用外语进行表达时只能表达一些浅层次的内容，如果他们想要与目的语语言群体进行深层次的交流，往往是不可行的。很明显，单纯的语言符号系统虽能独立存在，但是当其被应用时必须要与文化符号系统相结合。

依据不同的标准可以制订出不同的英语学习目标，而且不同的教育场所对学习者的学习要求也不同，学校重在培养学生的外语交际能力。学习者外语能力提高的前提条件是其必须要了解目的语的文化，并且在了解目的语文化的基础上，完成对该文化与自己母语文化的对比，这样就能保证自己可以熟练地掌握两种文化，语言的学习涉及两种文化的学习。因此，对于语言教学而言，如果教师只是关注语言符号与形式，而不对文化教学予以重视，必定会削弱语言教学的效果，与此同时，学生的跨文化交际能力培养与提高也会受到一定程度的影响。

（1）跨文化交际能力是人才培养需要。跨文化交际能力的培养不仅对个体发展有重要的影响，而且对国家，甚至对世界的发展都有一定的影响，基于此，跨文化交际能力培养问题受到了人们的广泛关注，在这个背景之下，跨文化交际学也形成与发展了起来，它是一门注重跨文化研究的学科，提倡要对语言学习者进行跨文化培训，为培养跨文化交际人才提供了学科指导。不过，需要明确的是，跨文化交际能力的内容十分丰富，不仅包括学习者的情感、心理等行为层次，而且还包括价值观、交际模式等文化层次，由此可见，一般培训时间较短的跨文化培训对于学习者跨文化交际能力的培养并没有实质性的帮助。要想实现学习者跨文化交际能力的显著提高，跨文化交际学必须与人类学、心理学等学科相结合，这样跨文化交际能力理论将会更加充实，在语言教学中培养学习者的跨文化交际能力就能变得十分顺利。

如今，社会对英语人才的要求越来越高，不仅要求英语学习者要掌握一定的语言理论知识，而且还要具备跨文化交际能力，尤其是在全球化进程不断推进的背景下，跨文化交际能力显得愈发重要。“高校的英语教学旨在提高学生在跨文化交流中的技能，以满足全球化的发展需求。”① 跨文化英语教学必须要肩负起应该承担的责任，努力为社会输送具备较强跨文化交际能力的英语人才。

（2）跨文化英语教学是教学发展需要。英语教学虽然是一门强调应用的学科，但是其理论体系的构建同样重要，而且因为这一学科受到教师教育观念、学生学习心理以及社会环境等多重因素的影响，以至于其理论体系的构建必须要与其他学科的研究成果相结合。在多元文化发展的今天，文化为英语教学打开了一条新的发展道路，跨文化英语教学逐渐被提上日程。

总而言之，跨文化英语教学意义较大，要对其予以足够的重视。一方面，文化确立了其在英语教学中的重要地位，它为学生的语言学习提供了比较真实的语境，使学生在语言学习中能考虑文化场景，连接真人、真事，这就在一定程度上激发了学生学习英语的积极性，并促进了英语教学质量的提高；另一方面，语言教学与文化教学的结合符合跨文化交际能力培养的需要，学生学习文化的渠道广泛，尤其是在信息技术快速发展的今天，他们可以从互联网上轻易地获得自己想要的文化知识。但需要指出的是，通过网络渠道获得文化知识只是一种间接的文化学习，而通过语言学习文化知识则是一种直接的学习，学生在语言学习中可以亲身体验文化，从而使自己可以在情感与行为层面上与跨文化交际能力培养的要求相一致。因此，在英语教学中开展跨文化培训能够取得良好的效果：一方面，能够使学习者语言学习的需要得到了满足；另一方面，能够让学生的跨文化交际能力获得培养与提高。

2. 跨文化背景下当代英语教学的研究意义

（1）跨文化英语教学研究在英语教育中的地位。跨文化英语教学研究对于跨文化英语教学有着很大的现实意义，这是因为二者存在一定的共性，跨文化英语教学研究的目的是培养人们的交际能力以及其适应不同文化的能力，而中国跨文化英语教学把帮助学生完成成功的跨文化交际，提高其跨文化交际能力看作教学最根本的目标。语言与文化关系密切，相互作用、相互影响，这让文化在语言教学中也占据了较为重要的地位，其实也在表明，在英语教学中，文化是必需的内容，是学生进行跨文化交际的基础。在英语学习中，学习者总是

① 柳菁菁. 试论高校英语教学中跨文化意识培养 [J]. 食品研究与开发，2021，42（22）：252.

能体会到母语对英语学习的干扰，但是他们并没有认识到文化也能对英语学习产生影响。文化对语言学习的影响较大，一个人要想获得成功的交际，其不仅要掌握一定的语言知识，更重要的是，其还必须要了解交际对象的文化背景，并对相关文化知识做到清楚地掌握，这样才能促成成功跨文化交际的实现。

①跨文化英语教学研究为跨文化英语教学实践活动提供理论支撑。英语教学受到许多因素的影响，这些因素包括语言环境、社会规范以及文化规则等，只有将这些因素与语言符号系统紧密结合在一起，才能实现英语教学的有效性，学习者也才能顺利地完成跨文化交际。而对影响英语教学的这些因素所进行的研究其实也是跨文化英语教学研究的一部分，可见，随着英语文化教学的不断开展，跨文化英语教学研究可能会成为英语教学的重要部分，为英语教学实践活动的开展提供理论支撑。

跨文化英语教学研究成果源于教学实践。例如，对跨文化英语听力教学进行研究就必须要对英语听力教学实践展开必要的分析，在英语听力理解中，教师经常会听到一些学生在抱怨明明自己已经花费了很多时间去训练听力，可是效果并不好，尤其是当其听到一些生词时，其理解起来相当费力。究其原因就是学生对英语语言背后的文化没有做到清楚的了解，如果他们能对西方文化有深入的了解，那么即使他们不懂得这个生词的意思，只要联系一下该词汇所处的文化语境，其实就能明白其意思，进而也就能顺畅地理解听力材料的内容。鉴于此，文化对听力教学的影响可见一斑，我们可对这一问题展开探讨、研究，还可以将研究成果应用到后续的听力教学中。

②跨文化英语教学研究指导跨文化英语教学根本目标的确立。跨文化英语教学的根本目标就是要培养与提高学生的跨文化交际能力，而具体通过跨文化英语教学实现这一目标就需要一定的理论支持，跨文化英语教学研究就为目标的实现提供了必要的理论支持。跨文化英语教学研究包括对跨文化英语教学目标的研究，而且这些研究都是在分析、总结跨文化英语教学实践的基础上得来的，因而既科学，又合理，对跨文化英语教学目标的确立有一定的指导作用。

（2）英语跨文化教学研究推进英语教育进程。当前，国家大力提倡素质教育，培养学生的人文素质、创新素质等已经提上教育的日程，并且开始在高校各专业教学中具体实施。英语跨文化教学在语言教学的基础上重视文化教学，有利于学生掌握较为全面的文化知识，帮助其培养自身的文化素养。而究竟怎样在英语跨文化教学中培养学生的人文素质，这不仅需要教师的努力，而且还需要研究者们的助推，英语教学研究者们通过对英语跨文化教学规律进行探索总结出了不少跨文化英语教学方法，以及一些培养学生人文素质的策略，这些研究成果极大地推进了英语素质教育的进程，使英语教学也能成为素质教育实施的有力工具。

（二）跨文化背景下当代英语教学的内容

1. 目的语教学和目的文化教学

目的语教学与目的文化教学这两方面教学内容与当前英语教学内容是一致的，经过这两类知识的学习，学生不仅能够掌握目的语语言知识，而且还能运用所学的知识与目的语群体进行有效的交际，这种能够有效交际的能力就是外语交际能力。此外，在这两个模块教学中，还可以增加语言意识和文化意识教学。之所以要将语言意识纳入模块之中，主要的原因就是希望学习者在学习完英语之后，可以将英语与自己的母语进行比较，进而发现二者的差异，总结语言的普遍规律，最重要的是要能认识到社会、文化在语言形成与发展过程中所起的重要作用。而培养学习者的文化意识则是让他们对中西方文化有足够的了解，保证其跨文化交际能力有所提高。文化教学还涉及文化交流这部分的内容，文化交流是学习者本族文化与目的文化之间的交流，换言之，学习者在学习英语的过程中还要多接触英语文化，从而保证自己可以在中西文化对比中认识到本国文化的优势以及英语文化学习在英语教学中的重要性。文化交流与文化使用并不是单独存在的，二者一般属于一个范畴之内，相互作用。

2. 其他文化教学

跨文化交际能力是学习者在掌握目的语言以及文化的基础上产生的，同时学习者还要兼顾母语以及本国文化，以使自己可以在两种文化的交流中实现跨文化交际能力的提高。由此可见，英语教学不能排除其他文化的内容，一旦其他文化内容脱离于英语教学内容之外，那么，学习者在语言学习过程中就会忽略其他文化，显然，跨文化交际不是一种文化的交流，其他文化也要参与其中，这就导致学习者很有可能无法形成跨文化意识。英语教学的课时是有限的，教师与学生在课堂上的精力也是有限的，学生无法较为全面地体验多种文化系统，但是教师通过选择恰当的教学教材，组织新颖的教学活动，是可以让学生在情境中体验不同文化的，虽然这种体验可能与目的文化有一些差距，但是这在一定程度上也能摆脱母语文化对英语学习的影响。

3. 培养跨文化交际能力

跨文化交际能力的培养涵盖了知识、能力与情感的诸多层面，也就是学习者不仅要学习跨文化交际知识，而且还要培养跨文化交际态度，具备一定的跨文化交际能力。具体到跨文化交际能力的培养问题，还是需要跨文化交际实践来完成，教师为学生创设文化交际情境，学习者在情境中扮演角色，完成文化交际，这样学习者就能在交际中了解到一些交际注意事项，认识到文化冲突是无法避免的。当学习者在具体开展跨文化交际实践时，其就会更加自如。

跨文化交际能力培养还包括了跨文化研究方法方面的教学，因为跨文化交际能力的培养并不是一蹴而就的，它需要学习者通过一生的努力来完成，如果只靠在校期间的教育来学习文化知识，显然是非常不切实际的，教师无法预知学习者在学习过程中遇到的所有跨文化交际问题，掌握一定的跨文化研究方法，对于学习者而言非常重要，这些方法能帮助其在具体的交际实践中自行选择交际策略。

二、跨文化背景下当代英语教学的原则与方法

（一）跨文化背景下当代英语教学的原则

从语言使用层面上而言，语言使用需要在一定的文化环境中进行，英语语言教学必然会涉及跨文化教学，而且跨文化教学必然也会通过语言教学来实现。跨文化英语教学活动的开展需要遵循以下三个原则：

1. 输入与输出相结合的原则

跨文化英语教学中的知识的输入与输出可以从以下两个方面具体展开：

（1）语言层面。跨文化英语教学并不是简单地将文化知识直接展现在学生面前，让其学习、消化，而是要以语言为载体，使学生完成对文化语言知识的输入、吸收，当学生进行文化语言输出时，就能完成高质量的输出。文化语言输出是十分有必要的，其最重要的作用就是要树立学生的自信心，这样就能在跨文化交际中使用流利的文化语言完成交际。在跨文化英语教学中，输入与输出这一

原则对于培养学生文化知识的双向导入的能力至关重要，可以让学生在国际交往中用英语友好而顺畅的交际。

（2）文化层面。英语教师在跨文化英语教学中，要让学生明白英语文化对于英语学习固然重要，但是如果不了解中国文化，不清楚中西方文化的差异，英语学习也只能停留在语言层面，深层次的文化学习是无法实现的。与此同时，教师要加大在英语课堂上中国文化的输入，让学生了解到中国文化的魅力，从而使其可以在与外国人进行交际的过程中向其进行中国文化输出。

2. 英语教学有效性原则

跨文化英语教学的最终目的就是要对学生进行跨文化交际能力的培养。有效交际的实现需要一定的条件，前提条件是交际双方要共享一套语言系统，而其他条件还包括交际环境、情境以及规范系统，这里的交际环境包括两部分：第一，宽泛的交际环境，它主要包括地理环境、文化环境等，这类环境能对交际产生间接的影响；第二，具体的交际环境主要包括交际双方的角色、交际发生的具体场合等，这类环境一般可直接对交际产生影响。情境一般是指文化情境，是交际双方在交际时所处的文化背景。规范系统是保证交际双方交际顺利进行的基础，双方都必须要遵循一定的规范。

跨文化英语教学内容是十分丰富的，教师要实现教学的有效性，就必须要对将这些内容都纳入教学中来。具体而言，文化知识的引入可以循序渐进进行，首先，可以将地理文化、情境文化这类相对而言比较浅层的文化引入教学中，先让学生对文化有最基本的了解；其次，教师再将文化深层次的内容——价值观与社会规范引入教学中，这种内容设计与组织是符合教学规律的，因此，教学的有效性能很快实现。

3. 文化学习与语言学习相结合的原则

英语课程是一种兼具工具性与人文性的课程，要求学生不仅要掌握基础语言知识，而且还要掌握语言背后的文化知识。因此，教师在进行大学英语课程设置时，必须要考虑学生的文化素质培养以及跨文化交际能力提高问题。

语言是文化的载体，它能够记录与传承文化，语言的教学与学习也不可能脱离文化而存在。与此同时，因为语言也承载着丰富的文化，所以语言也变得更加多姿多彩，语言的使用才更加灵活多样。因此，学习者学习英语，不能仅仅学习语言知识，而且还要了解语言背后的文化内涵，只有这样，其才能灵活地使用英语。而对于英语教师而言，在英语教学过程中，其不仅要向学生传授词汇、语音、语法等语言知识，而且还要向学生传授文化知识，让其将文化知识的学习融会贯通到语言学习中，这样其语言综合运用能力就能有所提高。

英语教学应该强调以文化为中心，学生在学习语言的过程中完成对文化知识的学习。文化知识是全面的，跨文化英语教学给学生提供的文化知识很全面，这可以在一定程度上拓展学生的知识面，拓宽其文化视野，在此基础上，其就能对了解到文化知识对于英语语言学习的重要性，从而根据自己实际的学习情况调整自己的学习目标与学习计划，将文化知识学习纳入自己的学习体系之中，对中西方文化知识的了解与掌握，能帮助学生成为真正的跨文化交流人才。

（二）跨文化背景下当代英语教学的方法

1. *课堂教学方法*

（1）学生英语学习并不仅仅是语言的学习，文化知识的学习同样重要，这是因为英语文化背景知识能帮助学生理解语言的语境，使其可以准确理解词汇、句子的含义。在英语学习中，部分学生经常会遇到这样一个情况，明明这篇文章中的每一个单词都认识，每一个句子也能翻译出来，但是如果从整体上把握整篇文章，学生就非常吃力，这主要是因为学生缺乏必要的文化背景知识，这就给学生提出了新的要求，学生不仅要学习语音、词汇与语法等语言知识，而且还要对各种文化知识有所了解，只有对文化有清楚的了解，才能感知文章的主要内涵，准确地理解文章含义。

语言是文化的一部分，如果学习者只学习英语，而不了解英语背后的文化知识，那么，英语学习只是一种浅层的学习，这就要求教师在课堂上可以在分析英语教材的基础上，向学生传授一些与教材相关的文化背景知识，从而帮助学生更好地理解语言与文化。

英语教材所收录的内容十分丰富，其并不是简单的一本书，它囊括了许多英语人文知识，能帮助学生了解地道的英语文化。教师向学生传授人文知识，不仅是要他们掌握这些知识，更重要的是要让这些知识对学生的价值观、人生观以及世界观的形成产生积极影响，以使他们可以在社会上生存并发展。

（2）许多文学作品与影视作品中所呈现的英语表达恰恰是英语的地道表达，

同时还呈现了西方文化的真实面貌。因此，在跨文化英语教学中，教师在讲解某一部分内容时，可以适当地为学生播放一些与内容相关的经典英文电影，也可以推荐给学生一些与此相关的经典文学作品，经典的电影与文学作品往往是英语知识运用的准确传达途径。

（3）运用教学方法塑造学生的人文品格。教师要将传统教学的以教师为主体的教学方法转变为以学生为主体的教学方法，并对学生的自主性学习意识与能力进行培养。在网络时代，教师要多用信息化设备等与学生进行交流，了解学生的人文诉求，教师就能根据学生的实际需求来搜寻文化知识。文化知识当然是多多益善，教师可利用网络搜寻文化知识，丰富的文化知识有利于对不同学生的人文品格进行塑造。

2. 第二课堂教学方法

（1）举办英语文化节。为了让学生更加主动地学习英语，高校可以为学生设立一个英语文化节，同时，对学生展开调查，了解学生们喜欢的活动形式，并在节日期间举办多种多样的活动。例如，英语歌曲比赛、英语电影配音等。在这些活动中，学生是主体，但是高校也不能将所有的活动组织都推给学生，高校以及外语学院有关部门也应该积极参与进来，共同推动英语文化节的举办，这在一定程度上还能拉近教师与学生之间的距离，促进教学有效性的实现。更重要的是，举办英语文化节可以被当作一种学校文化传统延续下去，长此以往，学生们就会更加乐于学习英语，认识到英语的魅力。

（2）组建各类英语社团或俱乐部。每个高校都会存在着大量的社团与俱乐部，这里是发挥学生所长的地方，是激发其想象力、主动性、创造力的场所，是培养团队合作意识和协调能力的绝佳平台，当然也是其英语语言实践的有利场所。社团和俱乐部可围绕某个特定主题开展相应活动，并聘请外教和骨干英语教师作为特邀嘉宾予以指导。

（3）编辑英文杂志。可以在学校设立一个英文杂志编辑部，只要是喜欢英语的学生都可以将自己的英文稿件投稿到编辑部，当学生的稿件一经选入并在杂志上刊登时，学生的自信心就能迅速建立起来，其学习英语的积极性也能调动起来。不过，为了确保英语稿件的质量，编辑部审稿人必须要了解一些常规的出版知识，有着较高的英文水平。

（4）在日常生活中学习英语。英语学习当然要重视理论的学习，毕竟理论知识是学生运用英语的基础与前提，但是与英语基础理论知识学习相比，英语实践教学更加重要。因此，学生要想学好英语，就必须要将英语学习践行到生活中，从日常生活中接受西方文化的熏陶，多与学校的留学生交朋友，多与学校的外教交流，这样学生就能使自己置身在英语文化环境中，从而培养自己的英语应用能力与跨文化交际能力。此外，高校还可以为通过设立英语广播站无时无刻为学生播报英语新闻，让学生学习英语的地道用法。同时，还可以在校园报告厅中定期放映一些经典英语影片或一些生动有趣的视听材料，让学生经常能领略到英语的魅力。

（5）举办英语竞赛。高校还可以为学生提供多样的竞赛平台，以保证学生可以获得展示自己英语才华的机会。高校举办的竞赛活动形式要多样化，同时举办频率也要高一些，这样学生就能时刻都有竞赛可以参与，其英语水平也能有所保障。英语竞赛活动要注重趣味性，不能过去死板，只有这样，才能激发学生参与的积极性。

（6）建立基于网络的大学英语自主学习平台。教育领域的研究内容有不少，而自主学习长期以来都是研究的重点与热点。在课程与教学论领域，自主学习能力被看作是一项教学目标，培养学生的自主学习能力成为教师的任务之一；在学习论领域，自主学习被看作是学习方式的一种，且与原有的学习方式相比，这种学习方式水平高，能保证学生学习的质量。

在"第二课堂"中开展自主学习，可以通过不同的手段进行，主要包括：第一，自主学习中心，这是一种比较特殊的教学方式，该方式的使用转移了人们的注意力，人们的注意力从自主学习的组织转变为自主学习与课程的结合。第二，计算机辅助教学。计算机技术的发展给教育领域带来了巨大变革，英语教学也不例外。英语跨文化教学需要大量的文化资源，利用计算机技术，学生可以自由地从互联网上获取相关资源，并且能对获取的资源进行分析、思考，从而有效地提高其自主学习能力。第三，串联学习。两个学生之间分别学习对方的语言作品，并对作品进行合理的评价，促进彼此的再进步。通常情况下，它与自主学习往往相伴而生，两种学习方式的学习能发挥更大的效力。

随着计算机技术的飞速发展，人们借助网络能较好地实现学生的自主学习目标，网络在这一目标实现上往往表现出两大优势：一方面，能为学生创设比较生动的语言环境，传统跨文化英语课堂比较枯燥，学生一般提不起学习的兴趣，网络以图片、音频与视频给学生带来了丰富的感官刺激，极大地刺激了其英语学习的积极性；另一方面，能将学生的主体地位凸显出来，网络能让不同的学生找到适合自己的学习资料与学习方法，能促进学生个性化学习的实现。

基于网络在跨文化英语教学中的重要性，高校可以建立一个基于网络的大学英语自主学习平台，为学生提供自主学习、交流探讨、教师指导等不同模块，如自主学习模块是学生自主完成探究的模块，交流探讨是学生与学生之间就某一问题进行探讨的模块，而当学生遇到无法解决的问题时就可以在教师指导模块上向教师请教。

三、跨文化背景下当代英语文化体验教学

“语言是文化的重要承载形式，学习某种语言与了解该语言背后的文化是分不开的。”[①] 培养学生的英语交际能力对于英语教学具有重要的意义，主要体现在以下三个方面：

第一，培养跨文化认知能力。为了使高校培养的大学生能够符合社会对人才的需求，使学生在未来的实际工作中能够运用英语这门语言，高校的英语教师在日常的教学过程中就需要注重培养学生的多方面英语能力，从而提升大学生的英语综合素质，如大学生的英语口语能力、听力能力以及阅读能力等。在跨文化交际中，学生的跨文化认知能力十分重要。通常学生的跨文化认知能力包含多种不同的因素，如学生的情感因素等，其主要是指学生在学习英语的过程中不仅要了解和熟悉我国的优秀传统文化，还要了解和熟悉西方文化的文化传统，这样学生才能够在熟悉中西方文化的基础之上对世界有更加深刻的认识和领悟。

第二，培养跨文化情感能力。情感因素就是指在具体的跨文化交际实践中交际双方的态度以及表达的情感、情绪等，这种因素也会对交际的顺利开展产生很大的影响。在很多情况下，情感因素的发挥会影响交际双方沟通的成败。

① 向刚．跨文化背景下茶文化在高校英语教学中的应用 [J]. 福建茶叶，2021，43（7）：179.

因而，在实际的高校英语教学中，教师要着重培养和提升大学生的跨文化情感能力，使学生在不同的场合能够恰当地处理自己的情感，从而使跨文化交际更加顺利地开展。

第三，培养跨文化行为能力。行为因素就是指在具体的跨文化交际实践中交际双方运用的各种技能以及一定的交际能力。例如，两个具有不同文化背景的人在交谈中如何切换他们交谈的主题或者如何有礼貌地结束这次谈话的能力等。在跨文化交际中，学生的跨文化行为能力也是其交际成败的重要影响因素，因而教师要适当地采取适合的举措来提升学生的跨文化行为能力。

英语文化体验教学是一个全新的教学方式，它能够显著提升大学生的英语学习效率，能够使学生热爱英语，愿意用英语进行沟通和交流。跨文化背景下英语文化体验教学方法主要包括以下方面：

（一）构建英语文化体验情境

在实际的英语教学中，学生需要掌握大量和英语语言有关的文化知识，这些文化知识有一些是浅显易懂的，还有一些比较生僻和拗口，需要学生在一定的情境中体验并掌握。对于高校的英语教师而言，在课堂中创设英语的教学情境一定要注重体验内容的真实性。教师创设的英语情境离学生的日常生活越近，学生越能够深刻地理解这些文化知识。在大学英语的文化情境体验里面有很多互动的环节，如教师与学生之间的互动、学生与学生之间的互动以及学生与情景之间的互动等，在这种互动的过程中，学生很容易理解和掌握相应的文化内涵，这种情境还能够加深学生的记忆。因而，教师要积极地为学生创设一定的文化体验情境，帮助学生更好地学习英语知识以及文化等。

（二）设计自主学习体验任务

在高校的英语文化体验教学中，应强调以学生为主体，教师要引导学生开展自主学习，让学生真正成为英语学习的主人，这就要求教师无论在课堂的教学中还是在学生课下的学习中，教师都要突出学生的主体地位，让学生在体验中学习和掌握相关的英语文化知识。众所周知，在现代化的信息技术时代，每个学生都有多种途径来获取信息资源，学习英语的文化知识，因而英语教师可以借助先进的信息技术来辅助高校的英语教学，从而提升教学的质量。具体分析而言，教师可以给学生布置一定的自主学习体验任务，让每个学生都能够合理分配自己的学习时间，通过网络等多种渠道来完成教师布置的自主学习任务，不仅能够提升学生的学习积极性，还能够让学生在有限的时间内掌握更多的文化知识。

四、跨文化背景下当代英语翻译教学的创新

英语翻译活动包括三个方面：一是理解原文；二是表达原文；三是校验原文。翻译者要想将文章完美的翻译出来就应该对原文有深入的理解。在翻译中的理解与普通的阅读理解是不同的，翻译者除了应该从句子含义的角度入手理解，还应该从词语与语法的基础上对此进行理解，如果在翻译的过程中没有融入跨文化意识，就会影响译文的准确性。翻译并不是源词语和语句之间的转换，也不是在目标语中找寻对应的词汇结构，如果在翻译的过程中，学生仅仅关注源语的表层，那么就会让翻译的内容流于形式，从而导致翻译内容与源语的差异。在开展翻译教学的过程中，教师应该让学生明确不同文化之间语言形式的差异，并且需要根据译入语的习惯做出相应的调整，如果学生没有意识到英汉两种语言之间的差异，而是进行一字一句地翻译，就会破坏源语的情感。在具体的翻译实践中，学生应该意识到中西文化的不同差异，明确作者的思想情感，从而更好地把握原文进行翻译。

（一）英语翻译教学的跨文化交际能力培养

第一，文化语言能力的培养。在翻译人才的培养过程中，应该逐步扩大人才的知识面，对于学生而言，英语学习环境是很匮乏的，如果培养观念再不更新的话，就会使学生的学习积极性更低。高校需要多设置一些文化类的课程，如英美文学等，让学生能明确不同的文化形式，从而逐步提高自己的文化意识与翻译能力。此外，教师应该立足英美文化，给学生讲解不同文化之间的差异，这样学生就能对文化产生不同的感受，从而提高学习兴趣。

第二，归化与异化策略。在进行英语翻译时，译者可以采用两种主要的策略：一种是归化；另一种是异化。翻译的对策有很多种，但是异化与归化依然是占有主导地位的翻译对策，为了照顾读者，译者会采用归化的翻译策略，这样可以让读者对原文有更深入、清晰的理解，异化策略则与之相反。如果译者面对的是那些比较严谨的科技类文章，就可以多采用异化的对策，因为作者写作此

类文章的目的在于宣传，在采用异化对策时，译者可以让读者对译入语文化产生更为深刻的认知。译者在翻译的时候应该多秉承异化的翻译原则，只有这样才能精准传神地表达出原作的意思。因此，在进行文化翻译的时候，译者如果感觉采用异化翻译能实现意义的自由转换，那么就可以采用异化策略。如果仅仅采用异化策略但是却无法将原文的意思做到全面转达时，译者就需要将其与归化策略结合起来使用。如果囿于原文的限制，译者也可以不使用异化的对策，而是采用规划的方式，这样也可以表达其意义。

总而言之，译者在处理这二者的关系时，需要根据原文的情况做出正确处理，如果选择了异化的策略，就要保证译文能准确传达出原作的内涵；如果采用了归化的翻译对策，就应该使得译文与原文的风格对等。需要指出的是，就算是在同一篇文章中，译者所采用的翻译策略也不具有单一性，译者可以根据文本的需要灵活选择翻译对策。

第三，文化间性策略。对于译者而言，应该以广博的心胸接纳不同的文化，只有这样才可以从容不迫地展开翻译。译者应该拥有开放包容的心态，还应该秉承共性的思想，去分析语言的文化，通过采用灵活的翻译方式，将这种文化被更多的人所熟知。在具体的翻译实践中，应该综合利用多种翻译方式，从而实现翻译的“信、达、雅”目标。

第四，文化对应策略。在中西方文化中，也有一些地方是有相似之处的，在遇到这种情况的时候就可以采用文化对应的策略进行翻译。例如，人们都知道梁祝化蝶的凄美故事，但是在西方人眼里，梁山伯与祝英台仅仅是两个普通的名字，他们无法透过这两个名字理解其背后的爱情故事，但是，要是将其翻译成罗密欧与朱丽叶，显然就能引起西方读者的共鸣。

（二）跨文化交际与英语翻译教学的融合创新

第一，重视中西方文化在思维模式上的差异。教师应该注重学生跨文化能力的培养，并让学生能意识到东西方文化的差异，并明确不同人们思维方式的差别。在不同的文化背景下，人的思维模式是不同的，并且随着社会的发展，处于同一地区的人们的思维模式也会产生些许的变化。因此，学生应该明确不同思维的差异，从而在翻译的时候能做到兼顾。

第二，提高学生对不同文化背景下生活环境以及经验的重视。文化的不同也会影响人们的语言，所以处于不同生态环境下人们的语言也会有所不同。例如，我国不同的地区有不同的方言，甚至在见面时他们所探讨的话题也不一样，要是将这个范围扩大到其他国家，这一现象就会更加明显，英国处于西半球，他们的气候受海洋的影响最大，所以见面时讨论的一般都是天气如何。教师在开展翻译教学的时候，就应该重视不同地区人们生活的环境，并且学生也应该将自己代入具体的情境中，逐步提高自己对文化的认知能力。在具体的教学实践中，学生的翻译能力如何最能体现出学生的跨文化交际能力，因此，学生应该重视不同文化背景下人们的生活经验，并不断提高自己的翻译能力。

第三，对第二课堂进行合理的安排，对教学观念进行不断创新，从而对课程改革的要求进行积极的响应。在教学活动中，课堂教学是一种最基本的形式，教师还可以把课堂教学称为第一课堂。但是，因为英语翻译是一项具有较强的应用性的语言交际技能，并不能只是依赖于第一课堂的教学，还需要对第二课堂进行较为充分的运用，对课堂教学的内容进行详细的研究和了解，从而对学生的跨文化交际能力进行培养。教师可以积极创造好的环境来对文化学习的氛围进行营造。学习的环境影响学生的学习情况，而且这种影响是非常大的，当具有较好的英语文化学习环境的时候，学生的跨文化交流的热情就可以逐渐被培养起来，使学生对英语翻译产生一定的学习兴趣。例如，教师可以在课堂以外培养学生的跨文化交际能力，积极组织学生开展各种各样的活动，加深学生对跨文化交际能力的解读。除此之外，还可以积极组织英语社团，在社团中，成员主要是学生，教师只是对社团进行一定的指导，当学生遇到自己不懂的问题的时候，可以积极寻求老师的帮助，也可以向其他学生寻求帮助，这样就可以尽量减少在学习中出现的遗留问题。

第三节 创新理念下的当代英语创新教学与实践

一、英语分级教学及其实践

基于分级的英语教学是我国大学英语教学的主要方式，实施分级教学非常重要，有利于更好地贯彻落实我国的教育方针，大力发展学生的英语交流和实践技能，同时培养学生的自主学习能力，提高他们的综合文化素质。分级教学具有许多优势，教师可以教育不同水平的学生，满足不同的教学需求，并为学生建立一个更好的平台，以展示他们的英语才能，为他们创设出更为合理、更为科学的学习条件，尽量激发他们的潜能，提高运用语言的水平，不断向最终的目标前进。分级教学在我国各高校的实施充分体现出我国高校英语教学的新趋势，逐渐向科学的现代教学模式转变。英语分级教学法的应用需要注意以下三个方面：

（一）确定教师主导与学生主体的定位

学习是通过个人与环境之间的相互作用，基于学生现有知识和经验的过程，教师需要明确学生是教育的对象，帮助他们充分发挥学习主动性，并提高他们独立学习的能力，从而在真正意义上实现学生对知识的自我构建。在分级教学模式下，教师更对学生的个体差异引起重视，务必要对不同级别学生实行不同的教学进度，与此同时，鼓励学生制订自己的学习计划。学生在制订学习计划时要考虑诸多因素，如个人学习目的、英语水平以及学习能力等，不仅如此，计划中还要包括学习的具体时间及内容，越详细越好。学生如果长期坚持，那么会得到很多益处，逐渐学会自我决策、自我管理的方法，从而达到自主学习的最终目的，学生就能够成为确定自己目标并创造学习机会的自主学习者。

在教学过程中，教师与学生要建立一种和谐的关系，创造出和谐的学习氛围，能够在一定程度上激发出学生的潜质，使其发挥出创造才能，提高其学习积极性以及自主学习能力。学生自主并不意味着完全独立。高校英语教师最重要的职责就是想方设法帮助学生学习英语知识，争取达到知识获取的最大化，提高相应的技能，鼓励并督促学生寻找并运用适合自己的学习方法，除此之外，还要引导学生制订学习目标，并评估学习效果。

如今学生的学期成绩由期末考试成绩和平时成绩组成，即终结性评估和形成性评估相结合，但终结性评估的比重大于形成性评估，考试为主，平时学习表现为辅。为了鼓励学生的自主学习，教师要改变现有的模式，加大形成性评估的比例。特别对于成绩较差的班级的学生，教师可以运用以形成性评估为主、终结性评估为辅的评估体系，同时加强对他们的监控的督促，并采用激励机制，让他们养成学习英语的良好习惯，使他们逐渐做到想学、能学和坚持学。

（二）增强学生自信心，激发英语学习兴趣

兴趣能够起到促进学习进步的作用。如果学生在学习过程中没有兴趣作为支撑，那么学习就成为一种负担，从而产生消极情绪。反之，拥有浓厚兴趣的学生对学习会有很大的热情，从而产生积极的情绪。由此可知，学习兴趣可以上升为学习动机，激发学生的学习积极性，从而达到最终的学习目标。因此，教师一定要先从自身做起，热心帮助学生，使之重建信心，进一步激发英语学习的兴趣。具体的做法表现为以下方面：

1. 调动学生的积极性

为了让学生更好地理解教学内容，教师应积极改变教学方法。随着信息技术的不断发展，教师可以顺势利用多媒体、网络等信息技术手段来辅助教学，这种多媒体网络信息技术使教学内容更加形象、直观和生动，对学生加深知识的理解和记忆的强化具有很大的助益。在课堂上，学生学习的兴趣和积极性直接关系到学生的学习成效，教师可以利用各种小游戏和活动来调动学生的积极性，给学生布置一些任务，这些任务一定要有十足的趣味性，而且要和生活紧密相关，这样学生才会有兴趣完成。例如，教师可以在课堂上采用情景话剧的语言训练形式，先对学生讲解关于问路、吃饭、购物等常用的生活用语，学生对其了解后，教师规定时间让学生进行相关的情景对话训练。对话完成后，教师根据学生的表现，对其做出评价，对表现好的同学进行表扬，增加平时表现的成绩；对表现不太好的学生给以鼓励，希望他们再接再厉，争取下次取得好成绩。

2. 加强师生之间沟通

教师要有一定的心理准备，要有极大的耐心，要对学生做到全面客观的认识。每个人都有自己的专长，对于英语成绩一般的学生，要像对待成绩优秀的学生一样关心和爱护他们，对他们做到平等、尊重、理解。如果师生关系很和谐、友好，那么无论从学生还是从教师的角度而言，课堂教学都是一个十分愉快的过程，学生会感受到教师给予的温暖，从而产生幸福感，这有利于课堂的学习。学生的学习效果与师生关系是紧密相连的，学生在如此良好的师生关系中进行学习，思维会变得更加活跃，对教学活动更有兴趣参与，消除对自己的质疑，增强自信心。学生面对教师对其的关怀会产生一种感激之情，也更有希望向前方迈进。

3. 让学生获得成就感

在学习者的心理上，学习的最终成果怎样在学习者的心理上会引起不同的情感体验。如果学生在课堂中总是能感觉到成功，这势必会增强自信心，对英语学习越来越感兴趣，从而形成一个良性循环。教师应该不断为学生创造英语学习成功的机会，让他们尽可能体会到成功的喜悦。如正确地回答教师提出的问题，乃至读对一个单词、一个句子、一个段落，这些学习过程中微小的成绩都可视为学生的成功加以表扬，学生体验成功的机会增多了，信心的建立也更加容易。一般而言，学生很在意教师对他们的看法与态度，这就要求教师要将情绪中积极的一面展现出来，教师要经常给予学生鼓励和表扬，即使学生没有正确回答教师提出的问题，也要及时地给予鼓励，让学生不要灰心，下次争取回答正确，从而发挥出进一步启发引导的作用。在教师的引导下，学生能够很好地完成课堂训练时，教师要及时给予肯定。此外，在平时的作业批改中，教师也要对学生进行鼓励，写一些积极的话语，这样也会传递给学生一种温暖和成功感，对学生的英语学习是一种激励。

（三）加强学习方法指导，提高学生自学能力

教师在教学过程中应重视指导学生有关学习方法的问题，如很多学生没有掌握单词记忆的方法，认为单词只能靠死记硬背，但是过一段时间就忘记了，这成为学生在英语学习中常见问题。教师在教学过程中要经常引导学生用正确的方法学习单词，如归类法、构词法、联想法以及拼读法等。部分学生经常埋头默写单词，这种方法既枯燥又得不到效果。实际上，有一种方法可供学生参考，那就是大声朗读法，大声朗读法是大声朗读正在学习的单词，并反复训练言语器官和耳朵。长此以往，朗读单词的声音就会刻在脑子里，不仅听力得到了提高，而且英语发音也得到了改善，单词自然也记住了，取得显著效果。此外，教师要利用合理的方式让学生认识到学习观念的重要性，还要教育学生在课堂上认真学习，积极参与教师组织的活动，在课下也要主动学习相关知识，要求学生不仅要接受教师的指导，还要尝试自主学习，只有学习观念发生了转变，才会形成正确的自学态度。

教师要引导学生养成完整的学习习惯，如课前预习，课后复习，适当布置一些课前预习的作业。在上课时，教师要对学生的预习情况进行大致了解，主要以提问的方式，这在一定程度上起到督促的作用。为了更好地帮助学生查缺补漏，教师还应适当安排一些单元测试，这样就能比较直观地让学生意识到知识上的漏洞，从而尽快弥补，为下一个单元的学习奠定良好的基础。此外，教师应培养学生独立思考的能力，遇到问题先自行研究，实在不会再问老师。进行课外阅读也是提高英语水平的一个途径，教师要鼓励学生开展课外阅读，课外阅读可以扩大高校生的知识面，提升对英语学习的兴趣。

总而言之，分级教学无疑使高校英语教学变得更加有效。教师一定要充分发挥自身的作用，为英语教学做出贡献。教师需要正确地理解不同类型学生的学习状态，做到分级教学，只有这样才能提高他们的学习成绩，从而达到教学目的。

二、英语体验式教学及其实践

在具体的语言教学实践当中，教师大多会有意识地采用以语言体验为核心的语言教学基本原则，随着5G网络的出现，网络环境下的体验式英语教学出现，其主要是以现代计算机—网络技术为基础，在教学实践中为学生创设体验式的学习环境，并且这种学习侧重于学生听说等实际应用能力的发展，与此同时，教师也不可忽视学生个性化发展的基本需求。在教学实践中，教师应当逐步培养学生的自主学习能力，引导学生对课堂提出的问题进行深入探究。当然，课堂的教学时间是十分有限的，因此，引导学生把握好课外时间进行学习，也是教师教学职责中的一部分。总而言之，通过一系列的教学实践，能够引发教师在教学改革方面的诸多思考，这些思考都是促成他们转变教学思维的重要因素。在教学实践活动当中，只有不断解决新出现的问题，不断对教学的各个环节进行改进，才能够不断提高教学质量。下面重点探讨英语体验式教学的评价体系构建。

（一）英语体验式教学的过程评价

1. 学生参与程度评价

学生的参与度在一定程度上体现出学生的学习意识，个人的人生观与价值观也一定程度上对学生的最终学习成效和运用能力有着不可忽视的影响。教师必须要对学生在学习过程中的心理体验进行分析，而衡量学生在学习过程中心理体验的指标大致上可以概括为四种：第一，学生的学习活动参与程度；第二，在进行学习过程中学生的愉悦感；第三，学生内心与所学科目的共鸣程度；第四，学习环境的优越程度。

2. 学生合作互动评价

在开展体验式英语教学的过程中，最重要的就是必须明确教学方法和学习方法，可将体验式英语教学的方法分为两种：一是任务型教学方法；二是合作型教学方法。事实上，对于学生而言，最能够激发学生学习兴趣的是合作型教学方法，因为在这种教学方法的引导下，学生会组成小组并相互之间进行帮助，以此来完成教师给予的任务。因此，教师在对学生进行评价时，也必须对学生的小组互动行为进行评价。只有当学生在小组合作中获得良好的内心体验和愉悦感时，他们才能真正在合作中有所收获。因此在面对不同的学生时，教师应当有针对性地进行引导。

评价一位学生和小组合作状态时，需要综合考虑：第一，学生能否在小组交流中不断提升自己的英语沟通技巧，从而使自己的表达更加准确；第二，学生能否为小组贡献自己的智慧，并且是小组成员之间产生出群体的智慧；第三，学生在小组中能否相互解释所学的知识，当伙伴有不理解的知识点时，能否做到相互帮助；第四，学生的交流活动是否具有多边性丰富性和多样性等特点；第五，学生是否能够积极地与小组同学进行多维度的英语交流。

3. 学生情绪状态评价

每个人的情感感受都不一样，针对高校英语课堂上，学生的情感感受大致可分为：乐趣感、成功感，这两种感觉往往有促进作用，还有焦虑感、厌倦感、紧张感等这些感觉会在一定程度上影响学生的学习积极性。虽然在这一过程中，每一个学生的反应有所不同，但是同一学生对英语学习的体验在学习过程中往往不是一成不变的。在一定时期内，从长远的学习过程而言，这种情感往往表现出一种相对稳定性，这种稳定性体现在学生对英语学习的情感上。

对于学生而言，在这样的过程中学生必然会收获独特的情感体验。但整体来讲，在特定的时期内，学生的情感体验通常是基本稳定的，并且以一种体验为主。对学生课堂情绪状态的评价主要包括：第一，在体验式英语教学模式下，只有形成良好的课堂环境，学生们才能在其中得到锻炼，从而培养坚强的意志和良好的道德品格；第二，在具体的课堂教学中，教师必须观察学生是否获得愉悦感和成就感；第三，在推行合作学习法的过程中，教师要关注小组成员之间的交流，并关注小组成员与教师之间是否产生相互信任，并引导学生自然地表露自己的情感，只有这样才能产生良好的情绪共鸣。

4. 学生体验状态评价

体验式英语教学活动所要求的体验状态，主要表现是能够使学生保持和提升学习者的兴趣，换言之，要能够在课堂学习中，在交流互动中产生积极的体验。之所以要求产生积极的体验，是因为在这一过程中，学生的体验状态，往往都是与“愉悦”紧密相连，如果在学习过程中，不能给学生带来快乐的学习体验，也就很难激发学习者的学习热情。因此，在实践中对学生在学习过程中体验状态的评价是很重要的，它们是以学生在课堂学习的过程中能否满足自身的个性化学习需求和能否体验到学习的快乐为标准的。

（二）英语体验式教学的效果评价

效果评价机制是对学习的整个过程进行跟踪监测并将结果反馈出来的一种机制。对学习效果进行评价的根本目的在于让学生明确接下来阶段学习的起点，从而设定符合自己能力的学习目标。效果评价应当建立在多元化评价理论的基础之上，并结合具体的实践成果。体验式英语教学效果评价的指标参考可以包括：第一，在日常课堂教学中注意营造良好的课堂氛围，保证课堂秩序活跃但不散乱；第二，注重学生信息反馈，教师应当及时掌握学生和学习小组提出的反馈信息，并根据这些信息对自己的教学行为和教学计划做出及时的调整；第三，教师应当及时了解学生学习知识和掌握语言技能的程度。根据学生不同时期遇到的困难与问题，及时调整教学策略，力求学生语言应用能力的不断提升和综合专业素养的稳步提高。

（三）英语体验式教学的环境评价

英语体验式教学环境评价构建离不开体验式教材评价，体验式教材的评价标准包括：第一，实践性，体验式教材应当注重营造特定的情景，特别是多元化的交际情景。第二，规范性和代表性，这一点主要体现在语言所表达的信息是否正确、经典，语言表述方式是否规范。因为经典与规范是评价一本教材语言表达的最基本的标准。第三，逻辑性，逻辑是否足够清晰，在一定程度上影响到教材的整体质量。因此，体验式教材无论在局部还是整体，都应体现出明显的逻辑关系，做到每个章节之间相互照应，知识点的教学承上启下。第四，文化内涵和社会性，现如今，文化教学观念在英语教学中占有很大比重，语言是文化的载体，语言的教学离不开文化素养的教学，在体验式教学教材中加入更多文化引导，能够增强学生的跨文化交际意识。只有当文化信息鲜明时，学生才能逐渐对目标文化产生深刻的理解，并促使其将母语文化与目标语文化进行对比。第五，交互性，体验式教学一定要为学生营造良好的交流环境，因此交互性是体现其价值的重要特征，体验式教学中必须包括一系列任务，并以任务为线索引导学生参与语言交际活动。

此外，在高校的英语教学中，体验式多元化的网络环境评价体系构建，旨在从多个角度对网络自主学习环境进行全方位的评价。与此同时，教师需要关注学生应用网络进行学习的成效以及教师运用网络对学生进行管理的成效。在确立指标时，需要明确的是，教师必须建立一个和谐、规范、健康的网络环境。在这一环境中，学生与教师能够进行自由的多元化沟通。网络平台和外部知识信息之间能够相互形成良性的循环。

（四）英语体验式教学的评价方法

英语体验式教学评价方法一般有实证性与人文性两种。实证性方法能够依据客观事实和数据得出结论，它的优点是准确、高效。但是，尽管这种方法能对评价对象进行准确的描述，但容易导致重结果、轻过程的情况，这种方法具有很强的说服力，在这一过程中，它以严密的数学方法精确分析所得资料，同时，也缺乏一定的灵活性。相比较而言，人文评价能及时、有效地解决评价过程中出现的问题，还能够在评价中，及时地关注评价过程中相关人员之间人际关系的交流。更重要的一点是，人文评价体系在实践中具有很强的针对性，它不仅能够重视问题，而且还能够深入分析问题背后的原因，因此，在这一过程中能较好地发挥评价的功能。

（五）英语体验式教学的评价核定

在传统的教学模式当中，教学评价更多关注学生的考试成绩，而新的教学评价体系则不应只关注学生的考试成绩，还需要对学生在学习过程中的情感体验、学习态度、价值观念等方面作出综合评价，但也不能完全取消对考试分数的评价。因此，英语体验式教学应该是教师与学生共同参与完成的一个整体性的过程，在这一过程中，教师不仅需要在教学过程中，实现教学目标、提高教学水平，更重要的是对教学过程有清楚的认识和有效的监控。此外，还要求注意妥善运用学习评价，这是一种作为监控之一的手段，既能帮助学生在学习过程中了解课程重点及自己的学习进展，还能通过运用一套设计得当的评价方法，及时有效地帮助他们掌握所学的知识和技能，这样的方法能够给学生以成就感，进而激发他们在这一过程中产生的学习兴趣。

三、英语任务型教学及其实践

任务型教学法兴起于 20 世纪 80 年代，它强调“在做中学”，是一种语言社会化和课堂真实化的语言教学方式，该教学法对英语教学具有十分重要的意义。“任务型教学法注重师生之间的沟通与交流，强调课堂教学效率的提升，为中国高校英语教学模式的改革指明方向，也为英语人才的培养创造契机”[①]。

（一）英语任务型教学法的特点

1. 任务链循序渐进

任务型教学法包含数个不同的任务，且每个任务之间并不是孤立存在的，而是相互联系、相互制约、相互促进的。具体而言，在任务型教学模式中，任务的设置都是循序渐进的，遵循着由简单到复杂的顺序，同时，任务与任务之间都是紧密联系在一起的，具有层次性、关联性、连续性等特征。此外，任务型教学涉及的任务十分广泛，单一的、综合的、输入的、输出的、初级的、高级的任务等。正是这些广泛的任务形成了一个循环的任务链，相互促进、共同发展。

2. 教学内容真实性

任务型教学的内容大多数都与学生的日常生活密切相关，同时教学活动也是丰富多彩和富有层次的。任务型教学的不同的阶段有着不同的任务或活动设

① 苏丽敏 . 论任务型教学对高校英语人才培养的潜在作用 [J]. 黑龙江高教研究，2016（2）：155.

计。例如，在任务的初级阶段，主要注重的是意义的建构和机械性的活动；到了任务的中级阶段尤其是在任务的高级阶段，主要注重的是知识运用方面的活动设计。无论任务的内容如何设计，都尽可能地贴近学生的生活，保证内容的真实性。

3. 教师与学生角色的转变

在任务型教学法中，确立了学生的主体地位，教师不再是权威者，不再处于语言教学的主体地位。教师的角色发生了一定的转变，教师负责设计任务、组织教学活动、提供资料、引导学生学习等。由此可见，教师由传统的权威者转变成设计者、提供者、引导者、组织者、示范者等。相应的，学生的角色也发生了一定的转变。在任务型教学模式中，学生的语言项目使用不受限制，可以个人独自完成学习任务，也可以与小组内的其他成员通过合作的形式完成学习任务，学生可以自由使用语言形式和项目，充分发挥自己的特长，发挥自己的创造力等。总而言之，任务型教学模式以学生为中心，学生的地位转变为主动参与者、自主学习者、主动思考者、积极合作者、调控者。

4. 教学评价方式的转变

任务型语言教学法与传统的语言教学法在评价方式上有着很大的不同，主要体现在：第一，从评价目标而言，传统语言教学法注重评价的结果、最终的成绩等；而任务型语言教学法注重评价的过程、能力的提高和发展。第二，从评价内容而言，传统语言教学法注重单一语言知识的传授；而任务型语言教学法主要重视的是语言的应用能力、语言的学习过程。第三，从参与评价主体而言，传统语言教学法主要注重教师评价，评价的主体具有单一的特点；而任务型语言教学法的评价主体具有多样化的特点，不仅包括教师评价、学生评价、同伴评价，还包括家长评价、社会评价等。第四，从评价手段而言，传统语言教学法主要采用的是单一性的评价手段，通常主要通过采用固定性考试的手段来对学生的学习情况进行评价；而任务型语言教学法采用的评价手段也是多元化的，不仅包括测试性与非测试性评价，还包括形成性评价与终结性评价。与此同时，还包括教师评价、学生间互相评价、学生对自己的评价等。第五，从评价效果而言，传统语言教学法受应试教育的影响，用考试和分数来衡量教学的效果，教师之间、学生之间的攀比性很高；而任务型语言教学法注重学生合作精神的培养，鼓励学生积极主动参与学习活动。

（二）英语任务型教学的实践阶段

1. 任务前阶段的实践

任务前阶段是大学英语任务型教学模式实施的前提，准备阶段与呈现阶段都是任务前阶段的实施步骤。任务前阶段是任务型教学模式不可缺少的阶段，其主要作用主要包括两个方面：一方面是通过任务前的准备工作和呈现工作来激活学生的已有知识体系和思维，使学生能够在已有知识体系的基础上构建多元化的语言系统；另一方面是为任务实施的下一阶段做准备，使学生能够积极主动地学习，积累丰富的知识，为任务的完成奠定基础。

（1）任务的准备。在任务的准备阶段，学生要积极地参与到任务中，并通过多种手段获取信息并对信息进行相应的处理，同时还要对这些信息内容进行表达，从而提高自身的语言技能和表达能力。具体到大学英语教学中，教师在任务准备阶段，还应该注意英语输入的真实性以及英语任务设置的难易程度。只有这样，才能使学生更好地为英语任务的下一阶段做好准备。

（2）任务的呈现。任务的呈现是教师向学生介绍需要完成的任务，同时，强调完成这一任务需要学生利用新的语言知识。除此之外，教师还应该根据学生的具体学习情况，为学生创造真实的情境，从而调动学生学习语言的积极性。

2. 任务中阶段的实践

任务中阶段对学生的语言习得起着至关重要的作用。在任务中阶段，教师应该结合学生的实际学习情况，合理选择任务，避免任务的难度过高或过低。具体到大学英语教学中，一旦出现任务过高或高低的现象，教师要针对存在的现象采取具体的对策。在任务实施过程中，学生为了更好地完成任务，可以采取多种方式，如辩论形式、小组形式、自由组合形式等。在英语任务型教学方法中，小组活动的形式比较受欢迎。在进行小组活动设计时，要明确小组任务与个人任务并不是孤立存在的，而是相互促进的，同时要明确师生之间的关系与角色转变。在小组活动开展过程中，教师要及时进行指导，从而促进教学目标的实现。

此外，教师可以与学生积极互动，主动融入小组活动中，与学生共同参与任务、共同学习、共同讨论，从而形成平等、和谐的师生关系。与此同时，教师还可以及时了解学生完成任务和对知识的掌握情况，并以此为依据，及时调整教学方式，从而促进任务的高效完成。

3. 任务后阶段的实践

经过任务前、中阶段，就进入到任务后阶段，这一阶段的实施主要包括对任务的汇报和评价。经过任务的实施后，小组内可以选取代表在课堂上进行发言，总结和汇报本组内任务完成的具体情况。在这一过程中，教师主要扮演着指导者的角色，教师应对每个小组任务完成的情况进行评价，不仅要指出小组完成任务的长处，还要指出小组完成任务的不足，从而使小组明确自己的优点和不足。同时，教师应该给予优秀小组一定的奖励。此外，在任务评价过程中，教师不仅要科学、公平地评价每个小组，还要鼓励学生与学生之间进行评价，这样有利于学生正确认识自己，客观评价他人。

第四节　新媒体下的应用语言学在英语教学中的运用

新时代背景下，高校需要培养出更多高水平的综合型人才。新媒体下的应用语言学在英语教学中的运用意义主要包含以下方面：

第一，推动当代英语教学改革创新发展。现阶段，当代英语教学相关理论研究已取得了一定的成绩，但整体理论水平有待提升。在这种环境的影响下，要提升我国外语教学改革的发展，必须要改善当下外语教学现状。然而，不管是哪种改革都需要有坚实的理论基础作支撑，只有构建了完善的理论基础，才可以有效保证改革活动的有序进行，英语教学改革也同样如此。教师要重视课堂教学中应用语言学内容的融入。当代英语教育改革关系到人才培养质量，各个高校、教师都需要认真对待，加强理论与实践的相关联系，逐步发现教学改革中的问题，深入分析问题，寻找到问题的解决方法，提高教学活动的目的性，使其更好地服务现代学生的学习需求。

第二，应用语言学有助于健全当代英语教学体系。英语知识与技能学习是一个循序渐进的过程，需要经历较长的时间。因此，提升学生英语水平也要遵循这样的规律，逐步加强学生的英语应用技能。当下，部分高校开展英语教学时存在“费时低效”的现象，学生花费大量的时间进行英语学习，却收效甚微。分析其原因主要是：首先，人们还不能够全面、充分认知语言，自始至终“语言是什么”这个话题还没有准确的定义，语言学家还在不断地探索；其次，语言的产生十分复杂，是经历了特定的社会背景与生活环境后逐步出现的。学生学习语言时，有必要先了解和掌握该语言产生的社会环境。虽然这需要消耗大量的时间和精力，但是语言学习绝不存在速成。

综上所述，随着全球经济、文化交流的逐步深入，我国对英语人才的需求标准越来越高，加强当代英语教学改革势在必行。高校教师应充分发挥新媒体技术优势，提高英语教学的效率与质量，积极融入应用语言学知识，注重学生的语言输出，培养出更多高水平、应用型英语人才，为我国社会发展提供充足的人才支持。

结束语

应用语言学视域下的当代英语教学，要求教师全心全意为学生未来的人生规划给予科学引导，这就要求英语教师优化课堂教学，改革传统教学模式。现代科技对英语学科的发展有促进作用，不论是从教师的教学手段还是教学内容上都要有所提升。全书主要阐述了应用语言学视域下当代英语教学方法转变的基础问题，对高校英语教学路径转换的理论和实践的必要性进行了深入探讨，以发展的眼光透视高校英语教学实践的策略，为建构高等教育英语教学体系奠定理论基础。

参考文献

[1] 李荣妮 . 整合应用语言学与高校英语教学之间的关系 [J]. 海外英语，2021（16）：82–83.

[2] 郭茹皓 . 整合应用语言学与高校英语教学之间的关系 [J]. 国际公关，2020（3）：99.

[3] 王燕 . 整合应用语言学与高校英语教学之间的关系 [J]. 科教文汇（中旬刊），2014（5）：64+84.

[4] 刘煦 . 新媒体背景下应用语言学在当代英语教学中运用优势 [J]. 新课程研究，2021（27）：52–53.

[5] 任瑞娜 . 新媒体背景下应用语言学与当代英语教学新思考 [J]. 新闻研究导刊，2020，11（18）：200–201.

[6] 高梦盈 . 应用语言学与大学英语教学的关系探究 [J]. 发现（教育版），2017（7）：35–36.

[7] 周影 .应用语言学与大学英语教学的关系探究 [J]. 牡丹江教育学院学报，2016（1）：82–83.

[8] 李臻莹 . 浅析应用语言学与高职高专英语语言教学之间的关系 [J]. 青春岁月，2020（2）：187–188.

[9] 平君 . 基于应用语言学的大学英语教学模式改革研究 [J]. 吉林省教育学院学报，2018，34（8）：75–77.

[10] 张红雪，涂文婷 . 以“发展自主学习能力为导向”的大学英语混合式教学机制 [J]. 昭通学院学报，2021，43（3）：106–109，114.

[11] 栾琳，董艳，郑春萍 . 大学生英文新媒体素养的内涵与结构——兼论其与英语自我效能感的关系 [J]. 现代远程教育研究，2020，（2）.

［12］赵羽 . 应用语言学动机理论对英语课程教学的指导作用［J］. 湖北开放职业学院学报，2019，（19）.

［13］郑秀英，崔艳娇，孙亮，等 .“以学生为中心”的高校教学督导工作探索［J］. 教学研究，2019，42（5）：44.

［14］臧庆 .信息时代多元文化交融对高校英语教学的影响研究［J］. 食品研究与开发，2021，42（24）：242.

［15］洪常春 . 人工智能时代大学英语生态教学模式构建研究［J］. 外语电化教学，2018（6）：31.

［16］徐玉书 . 新时期高校英语混合式教学模式构建与管理——评《课堂教学与管理艺术》［J］. 科技管理研究，2021，41（1）：216.

［17］柳菁菁 . 试论高校英语教学中跨文化意识培养［J］. 食品研究与开发，2021，42（22）：252.

［18］雷野，王海燕 . 信息化时代下大学英语听力体验式融合多模态范式教学效果实证探究［J］. 智库时代，2022（3）：128–131.

［19］苏丽敏 . 论任务型教学对高校英语人才培养的潜在作用［J］. 黑龙江高教研究，2016（2）：155.

［20］朱燕华，陈莉萍 . 大学英语智慧课堂教学评价指标体系构建［J］. 外语电化教学，2020（4）：94.

［21］唐君 . 高校英语信息化教学研究［M］. 北京：中国国际广播出版社，2018.

［22］朱敏华，严敏芬 . 多元识读背景下的英语课程设计研究［J］. 中国教育学刊，2015（8）：80.

［23］李滨 . 谈大学英语口语教学［J］. 东京文学，2012（5）：321.

［24］胡艳 . 浅析文化背景知识对大学英语阅读教学的影响［J］. 英语广场（下旬刊），2022（2）：86.

［25］刘煜丽 . 大学英语阅读教学中的文化渗透探究［J］. 佳木斯职业学院学报，2022，38（4）：77.

［26］黄涓 . 大学英语写作教学［J］.教育教学论坛，2015（15）：206.

［27］陶瑞萱 . 语料库背景下大学英语写作教学模式构建［J］. 湖北开放职

业学院学报，2022，35（4）：164.

［28］赵柳 . 英语教学逻辑思维培养探究［J］. 湖北开放职业学院学报，2020，33（10）：163.

［29］杨蕴文，郭京华，马月秋 . 英语听力课堂上基于过程的元认知策略教学［J］. 职业技术教育，2018，39（5）：48-51.

［30］何彬 . 线上线下相结合的大学英语混合式教学模式探究［J］. 英语广场，2022（6）：102.

［31］陈洁 . 基于微课的大学英语教学策略研究［J］. 校园英语，2022（3）：12.

［32］朱惠阳 . 基于现代教育技术的大学英语多模态教学模式研究［J］. 科学咨询（教育科研），2021（7）：101-102.

［33］张丽莹 . 信息化时代下大学英语多模态交互教学研究［J］. 现代教育科学，2017（5）：115-121.

［34］李松 . 大学英语混合教学中合作学习与自主学习集成模式探究［J］. 人文之友，2021（6）：87-88.

［35］袁雪生 . 网络时代高校英语专业的课程设置和教学模式研究［J］. 现代远距离教育，2008（2）：39-40.

［36］闫美荣 . 大学英语自主学习语境创设［J］. 现代英语，2020（20）：121.

［37］袁静 . 大学英语语法教学的重要性及其课堂教学模式探讨［J］. 科教文汇，2021（2）：176.

［38］刘红杰 . 慕课在大学英语教学中提高英语运用能力的应用研究［J］. 才智，2020（15）：117.